U0599803

萃古熙今·文房古玩 9

閱 是 編

浙江人民美術出版社

圖書在版編目（ＣＩＰ）數據

萃古熙今·文房古玩. 9 / 閱是編. －－ 杭州 ：浙
江人民美術出版社，2018.12
ISBN 978－7－5340－7133－1

Ⅰ. ①萃… Ⅱ. ①閱… Ⅲ. ①文化用品－中國－古代
－圖録 Ⅳ. ①K875.42

中國版本圖書館CIP數據核字(2018)第247099號

萃古熙今·文房古玩 9
閱 是 編

責任編輯　楊　晶
文字編輯　傅笛揚　羅仕通　張金輝
裝幀設計　陸豐川
責任印製　陳柏榮

出版發行　浙江人民美術出版社
　　　　　（杭州市體育場路 347 號）
網　　址　http：//mss.zjcb.com
經　　銷　全國各地新華書店
製　　版　杭州富春電子印務有限公司
印　　刷　杭州富春電子印務有限公司
版　　次　2018 年 12 月第 1 版·第 1 次印刷
開　　本　889mm×1194mm 1/16
印　　張　12
書　　號　ISBN 978－7－5340－7133－1
定　　價　300.00 圓

前 言

　　"美成在久"，語出《莊子·人間世》。但凡美好之物，都需經日月流光打磨，才能日臻至善。一蹴而就者，哪能經得起歲月的考驗？真正的美善，一定是"用時間來打磨時間的產物"——卓越的藝術品即如此，有社會責任感的藝術拍賣亦如此。

　　西泠印社的文脈已延綿百年，西泠拍賣自成立至今，始終以學術指導拍賣，從藝術的廣度與深度出發，守護傳統，傳承文明，創新門類。每一年，我們秉持著"誠信、創新、堅持"的宗旨，徵集海內外的藝術精品，通過各地的免費鑒定與巡展、預展拍賣、公益講堂等形式，倡導"藝術融入生活"的理念，使更多人參與到藝術收藏拍賣中來。

　　回望藝術發展的長河，如果沒有那些大藏家、藝術商的梳理和遞藏，現在我們就很難去研究當時的藝術脈絡，很難去探尋當時的社會文化風貌。今時今日，我們所做的藝術拍賣，不僅著眼于藝術市場與藝術研究的聯動，更多是對文化與藝術的傳播和普及。

　　進入大眾的視野，提升其文化修養與生活品味，藝術所承載的傳統與文明才能真正達到"美成在久"——我們出版整套西泠印社拍賣會圖錄的想法正源於此。上千件躍然紙上的藝術品，涵括了中國書畫、名人手跡、古籍善本、篆刻印石、歷代名硯、文房古玩、庭院石雕、紫砂藝術、中國歷代錢幣、油畫雕塑、漫畫插圖、陳年名酒、當代玉雕等各個藝術門類，蘊含了民族的優秀傳統與文化，雅致且具有靈魂，有時間細細品味，與它們對話，會給人以超越時空的智慧。

　　現在，就讓我們隨著墨香沁人的書頁，開啟一場博物藝文之旅。

目 録
CONTENTS

1705

明末清初·黃楊木雕倭角香瓶

LATE MING-EARLY QING DYNASTY A BOXWOOD INCENSE HOLDER

高：8.7cm

RMB: 無底價

1705

明末清初·黃楊木雕倭角香瓶

LATE MING-EARLY QING DYNASTY A BOXWOOD INCENSE HOLDER

高：8.7cm

1706
清早期·黃楊木雕梅樁筆筒

EARLY QING DYNASTY A BOXWOOD 'PRUNUS' BRUSHPOT

高：13.2cm　口徑：6.8cm
RMB: 10,000－20,000

1707

明 - 清・紫檀雕玉蘭杯及竹節形筆插一組兩件

MING-QING DYNASTY A ZITAN 'MAGNOLIA' CUP AND A 'BAMBOO-JOINT'
BRUSH HOLDER

1. 杯高：7cm
2. 筆插高：10cm
數量：2
RMB: 10,000－20,000

1708

清早期・紫檀雕獸面紋壁瓶

說明：此壁瓶取上等紫檀製作，造型小巧規整。後端嵌一小環，用於懸掛，腹部獸面紋為主，頸部、
底部作對稱龍紋裝飾，瓶口處飾連續迴紋，正反面紋飾對稱，線條流暢，做工精細，是壁飾
中的佳品。

EARLY QING DYNASTY A ZITAN HANGING VASE WITH BEAST PATTERN

高：10.5cm

RMB: 20,000－30,000

1709
清早期·黃花梨弦紋筆筒

EARLY QING DYNASTY A HUANGHUALI BRUSHPOT

高:12.5cm　口徑 : 10.5cm

RMB: 20,000－30,000

清早期·黃花梨弦紋筆筒

EARLY QING DYNASTY A HUANGHUALI BRUSHPOT

1710

明末清初 · 黃花梨五撞提盒

說明：提盒是存放筆墨印硯等文具的容器，因便於提攜，通常為士人趕考或遊歷時使用，也因此被賦予了更多的文人情懷。此盒為五格加蓋，底托與提梁相連，其上陷地包銅角，以利穩固。每格可分層取下，每層盒底略凸出與下層作子母口，契合緊密。盒身底層置於打槽長方形底座之上，固定平穩，兩側設卷草龍紋站牙，中設夾柱，上端與羅鍋根式提梁相互榫連，每層盒體沿口均起燈草線加厚子口，使提盒外形富於變化的同時增加盒身穩固，設計巧妙而實用。提盒蓋面板選用虎皮紋黃花梨板材，以顯木紋華麗之美，盒身金梆鐵底，一木連做，呈現木質天然紋理，雋雅敦秀，與整體的簡約造型搭配相宜，整器銅活極其考究，採用了打槽嵌入的手法，在視覺上保持了全平面的整體感，凸顯出明代高級木作的風格特點。存世提盒一般所見為三撞，四撞已是稀少，五撞制式目前似乎為僅見，從傳統人文角度詮釋，大約是暗合了儒家「天地君親師」的五個維度。明清之際城鎮經濟的發展使得部分文人的思想觀念發生了很大轉變，他們開始跳出自己的圈子，樂於與工商業者交往並參與到文房器物的設計和製造之中，這件提盒想來當是文人定制的典型器物，目前尚未見到相同個例，因此具備了一定的獨特性和稀缺性，兼之其工藝精湛、品相完好、氣度優雅又有一定的實用性，當為方家所識所珍。

LATE MING-EARLY QING DYNASTY A FIVE-DRAWER HUANGHUALI CASE

高：31.8cm　長：14.2cm　寬：14.2cm

RMB: 80,000－150,000

頂蓋局部圖

1711

清·檳榔殼雕歲寒三友圖水盂

說明：隨形檳榔殼水盂，口沿平齊起線，一面浮雕歲寒三友松、竹、梅；另一面為波浪蓮花，雕工流暢。由於檳榔產於雲南、海南，受地域限制，加之檳榔殼的質地呈絲狀，而較為脆弱，雕刻難度大，因而檳榔殼製文房器頗為少見。

QING DYNASTY AN ARECA SHELL 'BEGONIA' WATERPOT WITH PINE TREE, BAMBOO AND PLUM BLOSSOM PATTERNS

通徑：8.5cm

RMB: 10,000－20,000

參閱：蘇州博物館藏檳榔水盂。

參閱：苏州博物馆藏槟榔水盂

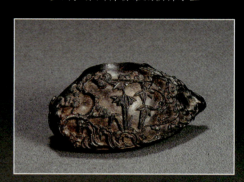

側面圖

1712

清·宋牧仲款壽山石雕靈芝紋水盂

款識：宋氏牧仲

說明：此件水盂以壽山石圓雕而成，口沿隨形，器型矮扁圓潤。一側圓雕靈芝兩株，雕刻厚實。器
　　　身其餘則光素無紋，整器沁色深沉，古意昂然。底部一處篆書陰刻"宋氏牧仲"四字。原配
　　　黃楊木鏤雕靈芝紋底座。

QING DYNASTY A SHOUSHAN STONE WATERPOT WITH GANODERMA PATTERN AND 'SONG MU ZHONG' MARK

帶座高：6.3cm　　高：2.3cm

RMB: 20,000－30,000

款者簡介：宋牧仲，名犖，號漫堂，晚號西陂老人，河南商丘人。康熙間任黃州通判、江蘇巡撫、
　　　　　吏部尚書。擅詩書，精鑒藏。

底款圖

1713

民國・高時敷上款錦云監製湘妃竹毛筆

銘文：海上美術茶話會創立紀念。腕底煙雲拂塵埃。石芝山房，絡園先生惠存。丁亥
　　　仲春（1947年）。老周虎臣。錦云監製。

銘文圖

REPUBLIC OF CHINA A 'XIANGFEI' BAMBOO WRITING BRUSH
WITH 'GAO SHI FU' MARK

長：26.5cm

RMB: 10,000－20,000

銘者簡介：1. 高時敷（1886～1976），浙江杭州人，字繹求，家有絡園，遂以為號，
　　　　　　別署弋蚪。齋名有樂只室、石芝山房、二十三舉齋、二鑒監精舍、兩漢
　　　　　　鏡齋、長生草堂等。
　　　　　2. 老周虎臣筆廠，前身是周虎臣筆墨莊，康熙三十三年（1694）在蘇州創建。
　　　　　　創始人周虎臣，字道虎，筆工出身，注重毛筆品質與筆莊信譽，每出一
　　　　　　品必親身監製，後來周虎臣執掌筆莊連同製筆技藝由其女傳至第七代由
　　　　　　外孫付錦雲繼承。

1714

明·五老峰銘隨形奇木筆架及水盂一組兩件

筆架銘文：1. 五老峰 2. 藝夫

MING DYNASTY A BURL BRUSH HOLDER INSCRIBED BY WULAOFENG AND A WATERPOT

Provenance: Suzanne H. Foster's collection, Florida

1. 筆架高：6.6cm　長：12.5cm

2. 水盂高：4.8cm　長：8.2cm

數量：2

RMB: 10,000－20,000

來源：蘇珊娜·H·福斯特（1943～2015）舊藏，佛羅裡達。

銘文圖

1715

明末清初 · 水草瑪瑙黃花梨硯屏

說明：原配黃花梨底座。

LATE MING-EARLY QING DYNASTY A SMALL AGATE TABLE SCREEN

帶座高：10.7cm　屏長：6.2cm　屏寬：6cm

RMB: 30,000－50,000

1716

民國·用生製銅詩文清供圖插屏

銘文：1. 書齋清供。辛酉二月用生製。印（陽）。

2. 歸山深淺去，須盡邱壑美。莫學武陵人，暫遊桃源裏。錄裴迪送崔久詩。辛酉(1921年)年仲春下瀚書於鳩江碧雲山房。修元（陽）。印（陽）。蕪湖用生出品。

REPUBLIC OF CHINA AN INSCRIBED BRONZE TABLE SCREEN
WITH OFFERING PATTERN

帶座高：34.8cm　屏心長：22.2cm　寬：14.8cm

RMB: 20,000－30,000

背面圖

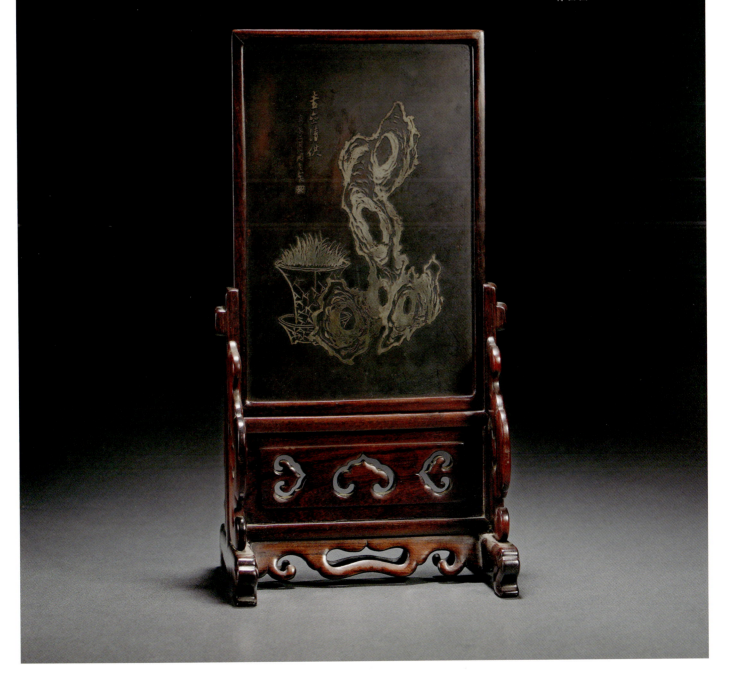

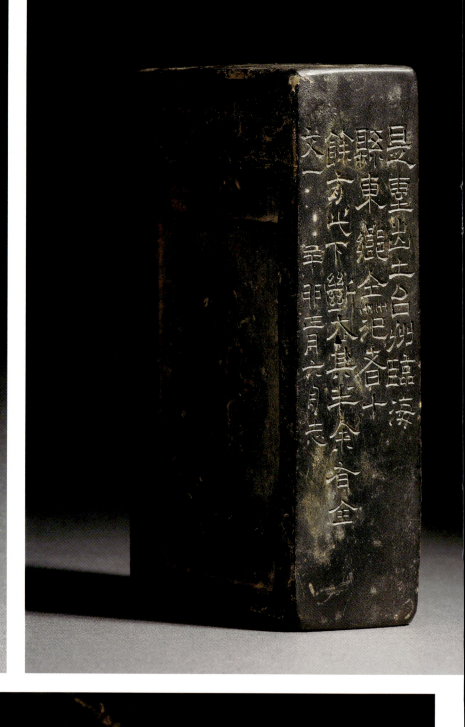

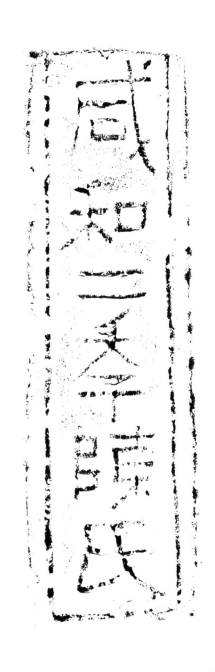

是甎出土台州臨海
縣東鄉全□泥者十
餘方此下斷本其半餘首全
文一　辛卯五月六月志

百古甎
□州□研珍藏
□炎十二年
□海昌六月

1717

清·六舟銘咸和二季磚硯

硯側銘文：1. 咸和二季陳氏。

2. 是磚出土台州臨海縣東鄉，全范者十余方，此下斷去其半，余有全文一。辛卯正月六舟志。

3. 百八古瓦研齋珍藏。道光十一年海昌六舟。達受印信（陰）。

說明：此六舟銘硯以磚為材，簡約大氣，自內而外蘊含金石之韻。磚正面作長方形硯腔，腔池一體。硯壁題有文字。以磚製硯者似乎只用晉漢磚，這是因為晉漢磚上多有圖案文字，高古淳樸，極具玩賞珍藏價值，且磚質細膩，宜於製硯。古色古香無與倫比。

QING DYNASTY A BRICK INKSTONE INSCRIBED BY LIU ZHOU

Provenance: Previously collected by an antique store.

高：5 cm　長：16cm　寬：9.2cm

RMB: 20,000－30,000

來源：文物商店舊藏。

參閱：《六舟·一位金石僧的藝術世界》第 246、247 頁，浙江省博物館編，西泠印社出版社，2014 年。

銘者簡介：達受（1791～1858），字六舟，又字秋楫，號萬峰退叟，俗姓姚。浙江海寧人。出家為僧，居鹽官北門外白馬廟。後主持西湖淨慈寺。精鑒賞，喜金石，詩書畫刻均精妙，摩拓古銅器尤稱絕技。行跡半天下，名流碩彥多所交流。阮元稱他為"金石僧"。

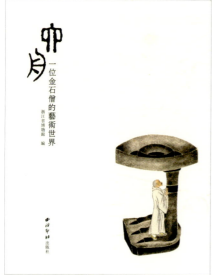

參閱：《六舟·一位金石僧的藝術世界》

1718

清 · 六舟、褚德彝款隨形奇木筆筒

銘文：1. 道光七年協修《靈隱寺志》，聽篁先生贈余此筆筒，友人亦稱賞心已。南屏六舟識。六舟（陽）。
　　　2. 滄浪。松窗。

QING DYNASTY A BURL BRUSHPOT WITH 'LIU ZHOU' AND ' CHU DE YI' MARKS

高：13cm

RMB: 20,000－30,000

款者簡介：1. 達受，清代僧人，字六舟，又字秋楫，自號萬峯退叟，俗姓姚氏，浙江海寧人。主持
　　　　　蘇州的滄浪亭側大雲庵，後主杭州淨慈寺。達受善書法，通繪畫，精刻竹、拓碑、裝
　　　　　裱等。
　　　　2. 褚德彝（1871～1942），原名德儀，字守隅、松窗，號禮堂，別號漢威，室名角荼軒，
　　　　　浙江餘杭人。成惠佺。精金石考據，嗜古博物。尤精篆刻，初師浙派，後潛研秦漢鈢印。
　　　　　工畫，亦能寫梅。

六舟像

1719

清·竹根刻詩文水滴

款識：永慧

銘文：與友肝瞻人共事，從無字句處讀書。

說明：此水滴取天然竹根而製，呈扁圓形狀，上開小圓孔用以控水，前有小流嘴，尾部刻靈芝裝飾，造型新穎，可謂人工與自然的完美結合。器身加刻銘文，皮殼深沉紅潤，頗具金石趣味，实为案上文玩雅品。

QING DYNASTY AN INSCRIBED BAMBOO-ROOT SCHOLAR'S OBJECT

高：2.8cm 通徑：8.8cm

RMB: 10,000－20,000

1720

清·紫檀嵌荷葉紋翡翠墨床

說明：該墨床形制文雅，周身飾回紋，原嵌荷葉形翡翠配飾，整器小巧規整，是一件清逸高雅的文房器物。

QING DYNASTY A JADEITE-INLAID ZITAN INKSTICK STAND WITH LOTUS LEAF PATTERN

高：1.6cm 長：7.5cm 寬：4.5cm

RMB: 無底價

1721

清 · 包世臣款紅木嵌玉兔鎮尺

正面銘文：學吃虧能受氣過後尋思有趣。常省事總讓人就中快活無窮。

側面銘文：1. 道光乙未春三月，書於迎曦學堂。
2. 江東布衣包世臣。世臣（陰）。

款者簡介：包世臣（1775～1855），字慎伯，一字誠伯，號倦翁、慎齋、小倦遊閣外史，安徽涇縣
人。1810 年移家揚州。嘉慶十三年舉人。工書法、篆刻，為鄧石如入室弟子，得鄧派真傳，
尤精行、草、隸書，為時所重。

QING DYNASTY A JADE-INLAID MAHOGANY PAPERWEIGHT WITH 'BAO SHI CHEN' MARK

長：25.2cm　寬：3.2cm

RMB: 10,000－30,000

包世臣像

鎮尺側面銘文圖

1722

清中期 · 椒叟款竹刻竹石圖詩文筆筒

銘文：未出土時先有節，便凌雲去也無心。椒叟寫。

說明：此件竹雕筆筒色呈黃栗，皮殼光亮潤澤，包漿純熟。其刻竹石圖
詩文功力深厚，頗具嘉定周芷岩遺風，山石疊迭，竹石相倚，竹
竿依風而立，竹葉隨風浮動，刀法老辣，一蹴而就。其刻詩句，
揮刀似筆。

MID-QING DYNASTY AN INSCRIBED BAMBOO
BRUSHPOT WITH BAMBOO AND ROCK PATTERNS AND
'JIAO SOU' MARK

高：9.6cm　口徑：10cm

RMB: 30,000－50,000

銘文圖

1723
清·白玉雕葫蘆形人物故事插屏
說明：此牌白玉製，取葫蘆瑞物為形，豐潤飽滿，雕工精細。葫蘆一周淺浮雕回紋，
　　　上下開光，內飾人物故事紋。頂部飾蝙蝠紋，祥蝠振翅，福臨喜慶。此牌紋飾
　　　華麗繁縟，密而不亂，刀法生動細膩，拋光精細，雕琢工藝超群，且不吝用材，
　　　集良材精。原配紅木座。

QING DYNASTY A WHITE JADE 'GOURD' TABLE SCREEN WITH
FIGURE PATTERN

帶座高：20cm　玉長：11.3cm　玉寬：8cm
RMB: 30,000－60,000

背面圖

畫梅須有風格宜瘦
不在肥耳楊補之為華
光和尚入室弟子其瘦
處如鷺立寒汀不欲
為人作近玩也客窗仿
為人作近玩也客窗仿
提召克可勝流
昌碩

1724

清·金農款紅木雕梅花詩文筆筒

銘文：畫梅須有風格，宜瘦不在肥耳。楊補之為華光和尚入室弟子，其瘦處如鷺立寒汀。不欲為人
　　　作近玩也，客窗仿擬，呂寄勝流。壽（陰）。門（陰）。

說明：此筆筒所刻詩文為金農在《仿楊補之瘦梅圖》中所作題跋。

QING DYNASTY AN INSCRIBED MAHOGANY BRUSHPOT WITH PLUM
BLOSSOM PATTERN AND 'JIN NONG' MARK

高：10.8cm　　口徑：5.5cm

RMB: 20,000－30,000

款者簡介：金農，清代浙江仁和（今杭州）人，字壽門，又字吉金，號冬心、古泉、金牛、昔耶居士、
　　　　　曲江外史、稽留山民、百研翁等。工詩及古文詞，善篆刻，精鑒賞，為"揚州八怪"之一。

金農像

1725

明·瑪瑙雕荷葉螭虎紋水洗

說明：此水洗以瑪瑙隨形雕琢成翻卷荷葉形，質地通透溫潤，包漿瑩潤，質地純美，色若桃花。
荷葉曲婉飄逸，盡展嬌容，葉脈柔軟細膩，刻畫甚得矩度，線條流媚自然，一邊爬
一螭虎，靈動可愛。水洗刀法曲直深淺、運轉自如，神氣溢蘊，全無匠工之拙，清
雅可玩，置於案頭可謂是清雅宜人。

MING DYNASTY AN AGATE 'LOTUS-LEAF' BRUSH WASHER WITH 'CHI'
AND TIGER PATTERNS

高：2.9cm　長：11cm　寬：8.1cm

RMB: 20,000－30,000

反面圖

1726

清·白玉雕桑葉蠶蟲筆舔

說明：上品白玉為料，浮雕鏤挖桑葉形，葉蹻曲，枝虬折，造型逼真，葉脈樹瘤清晰可見。兩只蠶從翻卷桑葉中爬出，若隱若現。整器玉質潤澤剔透，造型輕薄靈動，非巧工所不能達。原配紅木桑葉形座。

QING DYNASTY A WHITE JADE SCHOLAR'S OBJECT WITH MULBERRY LEAF AND SILKWORM PATTERNS

帶座高：2cm 長：9.1cm 寬：6.9cm
RMB: 30,000－50,000

1727

清·沈銓款黃花梨刻山水詩文蓋盒

盒蓋款識：沈銓。

盒底款識：梁山舟藏。

銘文：1.⋯⋯子子孫孫永寶用之。右薊仲敦銘，伴石軒篆。為有寒香入肌骨，不須風雨也瀟瀟。戊午八月朔，山壽題記。

　　　2.晉故散騎常侍，驃騎將軍，南陽堵陽韓府君墓神道。晉闕殘字久已蝕損其半，此審筆勢而補之也。戊午中秋月芝生作。

說明：蓋盒採用黃花梨材質，蓋与盒身子母口相扣，蓋面刻山水紋，寥寥數筆，意境自現。蓋壁及盒壁刻詩文，字體歸整娟秀，底足亦刻陽文款。文盒規格小巧，體態圓潤，雕刻精緻，亦賞亦玩。

QING DYNASTY AN INSCRIBED HUANGHUALI CASE AND COVER WITH 'SHEN QUAN' MARK

高：4.8cm　通徑：7.5cm

RMB: 55,000－65,000

款者簡介：1.沈銓，字衡之，號南蘋，浙江湖州市人。20歲左右，從事繪畫，其畫遠師黃筌畫派，近承明代呂紀，創"南蘋派"寫生畫，深受日人推崇，被稱為"舶來畫家第一"。

　　　　　2.梁山舟，字元穎，號山舟，又自署不翁、新吾長翁，大學士梁詩正之子。浙江錢塘（今杭州）人。清代著名書法家。

蓋面及蓋底圖

1728

明末・石叟製銅嵌銀絲詩文花卉紋四方香瓶

瓶側嵌銀絲銘文：寄懷楚水吳山外。卯可。得意唐詩晉帖間。永寶。石叟。

說明：此件香瓶呈四方形，古樸莊重，線條峻朗，轉折處稜角分明。唇口束頸、溜肩鼓腹，圈足外撇，肩部飾雙鋪首耳。自上而下飾回紋、饕餮紋以及花卉詩文，腹部兩面銀絲分飾牡丹與梅花，造型清雅娟秀，另兩面詩文所敘"寄懷楚水吳山外。得意唐詩晉帖間。"出自陸遊《出遊歸鞍上口占》。底部撰嵌銀絲"石叟"款。原配紅木座及日本老盒。

LATE MING DYNASTY A SQUARE INSCRIBED SILVER-INLAID BRONZE INCENSE HOLDER WITH FLORAL PATTERN MADE BY SHI SOU

帶座高：13.6cm   高：12cm

RMB: 40,000－60,000

作者簡介：石叟，明晚期僧人，熟練掌握銅嵌銀絲工藝，善製嵌銀銅器，其紫銅冶煉技術堪稱世界一絕。石叟沒有傳藝後人，故其作品珍貴稀少。

側面及背面圖

1729

明末清初・石叟製銅錯銀回紋水盂附鵝首銅匙

款識：石叟

說明：水盂為銅點金而製。配紅木底座。

LATE MING-EARLY QING DYNASTY A SILVER-INLAID BRONZE WATERPOT MADE BY SHI SOU AND A BRONZE SPOON

帶座高：6cm　高：2.6cm

RMB: 12,000－18,000

作者簡介：石叟，明晚期僧人，熟練掌握銅嵌銀絲工藝，善製嵌銀銅器，其紫銅冶煉堪稱世間一絕。

1730

清·銅鎏金羊形硯滴

說明：此硯滴銅製，外鎏金，整體造型為一蹲伏羊造型，口銜小銅斗，圓目有神，雙角下垂，四肢前後跪曲，背部開注水口。造型精巧，製作精良，羊角、毛鬚等紋絲可見，置於文房案頭，兼具實用與賞玩之佳器。

QING DYNASTY A GILT-BRONZE 'GOAT' SCHOLAR'S OBJECT

Provenance: Private Japanese collection

高：7.5cm 長：10cm

RMB: 10,000－20,000

來源：日本藏家舊藏。

1731
清中期·壽山石雕海水雲龍紋香盒
MID-QING DYNASTY A SHOUSHAN STONE INCENSE CASE WITH RIPPLE,
CLOUD AND DRAGON PATTERNS
高：2.1cm　長：6.8cm　寬：5cm
RMB: 無底價

清·紫檀雕風竹圖鎮紙

QING DYNASTY A ZITAN 'BAMBOO' PAPERWEIGHT

長：20.7cm　寬：4.9cm

RMB: 10,000－20,000

1733

明・白玉剛卯

銘文：正月剛卯，靈殳四方，赤青白黃，四色是當，帝令祝融，已交夔龍，庶疫剛癉，莫我敢當。

說明：剛卯又名射魃、大堅，是漢代流行的吉祥佩飾之一。此玉剛卯玉質溫潤細膩，色澤飽滿柔和，
作八方柱體，上下大小一致，中心貫穿供穿系佩藏，可作辟邪飾物。外壁八面各陰刻四字銘文，
富有金石韻味。

MING DYNASTY A WHITE JADE ORNAMENT

Provenance: Previously collected by Suzhou Antique Store.

長：2.7cm　通徑：1.7cm

RMB: 30,000－50,000

來源：蘇州文物商店舊藏

參閱：《中國玉器全集（中）》第 496 頁，楊伯達編，河北美術出版社，1997 年。

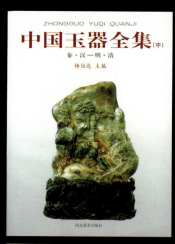

參閱：明中期玉剛卯

1734

清·季和款松子十八子詩文手串

銘文：夫人之相與，俯仰一世。或取諸懷抱，悟言一室之內；或因寄所托，放浪形骸之外。雖趣舍萬殊，
　　　靜躁不同，當其欣於所遇，暫得於己，快然自足，不知老之將至；及其所之既倦，情隨事遷，
　　　感慨系之矣。向之所欣，俯仰之間，已為陳跡，猶不能不以之興懷，況修短隨化，終期於盡！
　　　古人雲："死生亦大矣。"豈不痛哉！京之姻叔大人清玩。致祥。季和。（陽）

說明：手串為天然松子串成，松子之上滿鐫詩文，文字雋秀，刻劃清晰流暢。其中配一和田白玉籽
　　　料，亦呈松子狀，不施雕琢，頗為難得。手串帶白玉蟬墜，精巧細緻。下垂寶藍色流蘇。白
　　　玉溫潤細膩，色如凝脂，寶藍色深邃，莊重典雅。整體詩文字體清秀，內容悠遠，極為清雅，
　　　當為把玩，珍藏之佳品。

QING DYNASTY　A PINE NUT BRACELET WITH INSCRIPTION AND 'JI HE'
MARK

珠徑：1.3cm – 1.5cm　數量：18 粒

RMB: 30,000－60,000

款者簡介：徐致祥，字季和，江蘇嘉定人，清朝官吏。咸豐十年進士，選庶起士，授編修。晉中允，
　　　　　典試山東。累遷內閣學士，督順天學政。遭憂去，服闋，起故官。

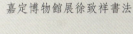

嘉定博物館展徐致祥書法

1735

明·天祿閣室製款銅鬲式爐

款識：天祿閣室製

說明：明代文人對香事極為考究，《遵生八箋》中"隔火砂片"一節中即有："燒香取味，不在取煙。香煙若烈，則香味漫然，頃刻而滅。取味，則味幽香馥，可久不散……隔火焚香，妙絕。燒透炭墼，入爐，以爐灰撥開，僅埋其半，不可便以灰擁炭火。"的記載，文震亨在《長物志》中亦有："爐中不可斷火，即不焚香，使其常溫，方有意趣。"的論述，可以看出古人對焚香一事的考究與境界的追求。鬲式爐更有別於一般文玩用爐，其造型肅穆端莊，通常陳列於廳堂，具有一定禮儀功能，因此意義更為深重。鬲式爐源自青銅器造型，缶身圓底、平口厚凸唇、短束頸、無耳，扁體鼓腹、下承三足。此件鬲式爐鑄造頗為精緻，輪廓線條豐滿圓潤卻不失文氣，皮殼猶萬星金暈，包漿瑩潤。胎壁厚實，且鑄造精到，使之銅爐體態纖巧卻頗為壓手，底部刻減地陽文篆書款"天祿閣室製"，款識規整，字體俊朗，款識深峻，屬私家鑄款之典範。天祿閣為漢宮御用藏書典籍和開展學術活動的地方，主要存放國家文史檔案和重要圖書典籍。底款借用其名，附之風雅。鬲式爐本為禮器，後經改製，合褵為腹，去耳平口，雙弦為頸，鼓腹突碩，圓垂腹墜，三足壯偉，巍然似鼎，居殿堂則永固社稷，列宗廟能禮承天道，故而鬲式爐不乏精品，但如此爐做之考究實不多見。

MING DYNASTY A 'LI'-STYLE BRONZE CENSER WITH 'TIAN LU GE SHI' MARK

高：4.5cm　口徑：8.8cm　重：705g

RMB: 220,000—500,000

內膛圖

明・天祿閣室製款銅鬲式爐

1736

清乾隆 · 沉香嵌珊瑚福祿萬代齋戒牌

銘文：齋戒

說明：此件葫蘆牌，正面原嵌珊瑚製"齋戒"二字，背面亦作滿文。齋戒牌是古人祭
　　　祀前齋戒時所佩之物。《明史禮志》記載："戒者，禁止其外；齋者，整齊其內。"
　　　清代沿襲明制實行齋戒，康熙帝開始更是十分嚴格地執行齋戒之制，規定凡應
　　　行齋戒之人，不得無故不與齋，凡持齋不守戒規者，必受重罰，各宮托故不行
　　　齋戒，或私自飲用酒等不潔之物者，可削宮去爵，為督查宮行方便，持齋者均
　　　發給齋戒牌，佩帶以防褻慢。齋戒牌針對不同階位者，分別有金、銅、瓷、玉、木、
　　　牙等諸種，以沉香為材者較為少見。

QIANLONG PERIOD, QING DYNASTY AN EAGLEWOOD 'GOURD' ABSTINENCE PLAQUE

長：6cm　寬：4.2cm　重：15.6 g

RMB: 30,000－50,000

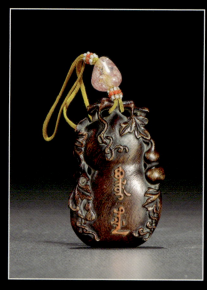

背面圖

1737

清中期·銅纏枝蓮紋磬配紫檀雕夔龍紋架

說明：磬不僅是禮樂之器，也視為中國古代傳統的吉祥紋樣，取其諧音寓意吉慶。磬為銅製，上飾纏枝蓮紋，懸掛於磬架下，敲擊聲音清脆悅耳。磬架為紫檀製，頂端橫根鏤雕雙龍蝙蝠紋，絛環板、披水牙和站牙均鏤雕夔龍紋，座墩雕回紋，紋飾相互呼應，頗具巧思。拍品雖運用透雕、浮雕等技法雕成，做工精細，整體佈局嚴謹有序，絢麗多姿，為典型宮廷風格。磬不僅是中國古代宮廷打擊樂器，也是嘉好典儀之象徵，傳統文化中磬為“五瑞”之一，為中國古代傳統的吉祥紋樣。原配楠木盒，貼泥金紙簽條，上書“吉慶”二字。盒面手寫博物館退還藏品編號：入179924。

MID-QING DYNASTY A BRONZE INSTRUMENT, *QING* AND A ZITAN STAND WITH DRAGON PATTERN

通高：40cm 架寬：24cm 磬高：13cm 磬長：18.3cm

RMB: 45,000－80,000

空山不見人　但聞人語響

返景入深林，復照青苔上。——輞川集·鹿柴。

以王維的《輞川集》為代表，大量的中國古代文人通過詩歌、繪畫和其他各種藝術表現形式表達了回歸山水之間的桃花源情節，所謂"仁者樂山，智者樂水"，佳山秀水一直是隱居的首選之地。青山、綠林、幽湖、茅舍、白描之間勾勒出一幅中國式山水隱居圖。介之推帶著母親隱居綿山；王冕隱於九華山，有茅舍三間；劉嚴隱居於金華山；郭文泛舟湖上。在自己的天地中悠然地行吟，隨心所至之處無旁人能覓。特別是明清以降，政治形態益發黑暗，文人士大夫精神上的出世心態似乎逐漸成為了一種主流情緒，因之在相應的文房器物製作上出現了大量的山水題材。比如這件沉香木筆筒，以南宗山水畫的基調，運用浮雕、透雕等工藝，將蒼松、翠竹、岩石、茅舍表現得細緻入微，其間山巒起伏，奇石錯落，數株奇松，聳立於房後和崖壁之上，虯枝龍乾。幾處茅舍，三兩隱者樵子自然地隱於山石和松樹之間，整個畫面和諧流暢，層次分明，營造出豐富宏偉的空間意象。沉香香品高雅且十分難得，自古以來即被列為眾香之首。唐、宋、明、清幾代，宮廷皇室皆崇尚用沉香製成各類文房器物，工藝精細，與犀角象牙製作相同。因為沉香對雕工的技藝要求很高，其硬度大於普通木材，尤其又凝聚了油脂和木質混合材料，質地不勻，不易雕琢，所以好的沉香木雕極為珍貴。且明清時期的沉香產量已經出現極巨銳減，當時的海南沉香大料就已經基本絕跡了，所以該時期以小件沉香雕刻為多，像這樣巨料一木雕成的筆筒實為珍罕。從雕刻角度看，筆筒口沿平滑規整，渾然天成，別有旨趣，所雕山岩凹凸嶙峋，刀法上大量借用了畫法中的皴筆，蒼松翠竹鏤刻玲瓏，殊為精絕，松乾賁張，竹莖纖弱，於是以數塊巨石相配，以此構成視覺上的平衡。整體雕刻刀法犀利婉轉，流暢有力，風格清新雅致，實為一件珍貴罕有的清早期精作。

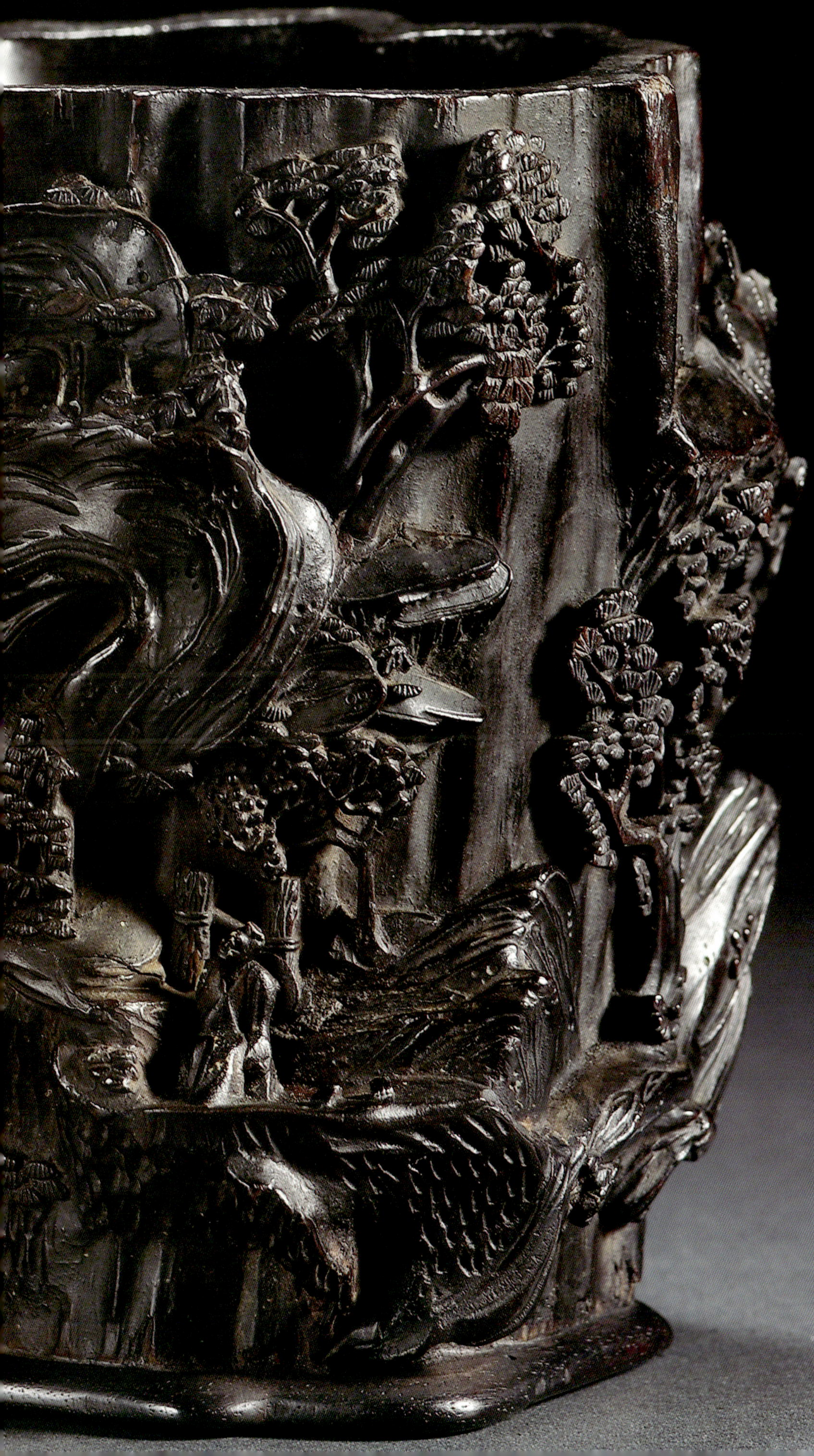

清早期 · 沉香高浮雕清幽山居圖筆筒

1738

清早期 · 沉香高浮雕清幽山居圖筆筒

說明：沉香結節漫長且多朽木細干，故極少有大材，此件取大料整挖，尺寸頗大，疏為難得。其料
質地上佳，通體色澤黝黑，油潤異常，光澤溫潤。工細如微，分別以高浮雕，淺浮雕配合陰
刻技法，刻畫通景式田園山水圖，在視覺上呈現出一幅王維山水情節的《輞川圖》。筆筒外
壁高浮雕山石岩壑嶙峋，連綿千里，鏤雕松竹蒼翠，蜿蜒聳立於崖石之上，疏落有致，高低
起伏，氣勢磅礡，雕刻具有的立體感形成山石茂林的獨特的動感。峰迴路轉，草木掩映處，
樵夫休憩，村落桃源，延伸了山水之間，雲深不知處的寧靜。以其高超犀利的刀法，描繪文
人幽居異趣，正如王維詩中所述："檀欒映空曲，青翠漾漣漪。暗入商山路，樵人不可知。"
此沉香筆筒品相上佳，與故宮所藏沉香木雕山水筆筒頗為相似，亦具文人意趣。

EARLY QING DYNASTY AN EAGLEWOOD BRUSHPOT WITH LANDSCAPE
PATTERN

Provenance: Previously collected by Beijing Antique Store.

高：14cm   通徑：11.2cm   总重：418g

RMB: 1,200,000－1,800,000

來源：北京文物商店舊藏。

1739

清光緒・光緒年製款虎睛石獸面紋賞瓶

銘文：光緒年製

說明：虎睛石是木變石的一種，具有貓眼效果的寶石，在河南淅川縣有產出。此件獸面紋雙龍耳賞
瓶材質為典型的黃虎睛石，呈現黃褐耀變，尤為特殊。原配海棠形木座。

GUANGXU PERIOD, QING DYNASTY A TIGER-EYE STONE VASE WITH
BEAST PATTERN AND 'GUANGXU' MARK

帶座高：17.5cm　高：15.2cm

RMB: 10,000－30,000

1740

清中期・松石鏤雕荷塘清趣擺件

說明：原配紅木座

MID-QING DYNASTY A TURQUOISE CARVING WITH LOTUS POND PATTERN

帶座高：9.5cm　高：7.5cm　長：11cm

RMB: 60,000－90,000

清中期・松石鏤雕荷塘清趣擺件

1741

清早期·嵌寶梅花清供圖漆盤

EARLY QING DYNASTY A GEM-INLAID LACQUER TRAY WITH PLUM
BLOSSOM PATTERN

高：1.3cm　通徑：12.2cm

RMB: 10,000－20,000

清早期·嵌寶梅花清供圖漆盤

1742

清·紅木梅花形堆漆彩繪盤

說明：此件梅花形盤，以紅木為胎，盤口起線規整簡潔，底部呈五小足。盤內以黑漆與紅漆堆彩花
　　開圖，枝葉描金，如晨輝下，寧靜林苑中光影浮動，熠熠生輝。

QING DYNASTY A PAINTED MAHOGANY 'PLUM-BLOSSOM' TRAY

高：1.5cm　直徑：17.2cm

RMB: 20,000－30,000

清·紅木梅花形堆漆彩繪盤

明宣宗朱瞻基像

龍越九州

——明·大明宣德元年武英殿用款
銅鎏金高浮雕趕珠龍紋沖天耳爐賞析

公元 1426 年，史稱大明宣德元年，注定是不平凡的一年。自明仁宗洪熙帝駕鶴西去，是年明宣宗朱瞻基以二十九歲的年齡繼大明天子之位。

"宣德"，寓意德才兼備，以德為先，這位壯年天子確實如國號所言，以自己的德政和治道將明朝的國力推向了"永宣盛事"的黃金時期。也就是在這樣的盛世之中，宣德帝為了春秋大祭，特下令從暹邏進口一批紅銅，責成宮廷造辦處御匠呂震和工部侍郎吳邦佐，參照皇府內藏的柴窯、汝窯、官窯、哥窯、鈞窯、定窯宋代名瓷器的款式，及《宣和博古圖錄》、《考古圖》等史籍，設計和監製香爐。

本次春拍呈現的這件大明宣德元年武英殿用款銅鎏金高浮雕趕珠龍紋沖天耳爐從諸多方面特徵考量，極有可能為宣德本朝之物。本次春拍的這件銅爐底款鑄造工藝極為精良，琢刻精道有力，外底龍紋雄勁，角龍在上螭龍在下，角龍閉口而螭龍張口，龍發從兩角間前聳，呈怒髮衝冠狀，龍眉向上、細頸，其特徵屬比較典型的明代龍紋；螭龍尾似蛇尾，符合宣德時期龍紋特徵。爐身有鼓釘，浮雕二龍與之遙相呼應，騰雲駕霧，若隱若現，須髮飄逸，龍爪則孔武有力，有飛之欲出之感，蠢蠢欲動之意。另有一例清宮舊藏景泰年製"掐絲琺瑯纏枝蓮紋爐"亦可作為參考。

根據文獻記載，趙汝珍之《古玩指南》有雲："'鑒別之首要即翻視底足所露出之銅'，又有項元汴《宣爐博論》：'銅質之精粹，如良金之百鍊。寶色內涵珠光，外現淡淡穆穆，而玉毫金粟隱躍於膚理之間'、'宣爐有鎏金一種，皆宣廟御用之貴品也'，若觀此爐之底足與款之周圍，與古文獻所言契合。有關宣廟御器，在《沈氏宣爐小志》中亦有所指：'廟堂壯觀，瞻故尚大器'"。

另外特別值得關注的是武英殿款，武英殿始建於明代永樂年間，位於北京故宮外朝熙和門以西，明初帝王齋居、召見大臣皆於此殿。宣宗皇帝不但勤政，而且愛好翰墨，工於繪事，明《列朝詩集小傳》所載："帝遊戲翰墨，點染寫生，遂與宣和（指宋徽宗）爭勝。"其畫風主要取法宋代院體，不失元人意蘊，能自成一格，是明代帝王中最高級別的丹青票友，帝還以恢復北宋徽宗宣和書院為目標，吸收了當時的很多名家入宮，在武英殿任供奉待詔，形成了後人所說的"宣德畫院"。此爐鑄造工藝、裝飾紋樣之考究，規格之大，或為御筆染翰時的焚香之器，遙想當年風雅，真是令人不勝感慨。

此爐來源於英國老牌古董商 Marchant（馬錢特），對中國藝術愛好者而言，Marchant 一詞應該不會陌生。它形同"品位"與"珍罕"的代名詞，而這兩個要素及世傳有序的出處，一直以來都是 Marchant 買賣藝術品的首要條件。

這家古董名店以創辦人 Samuel Sydney Marchant（人稱"悉尼"）命名，悉尼年僅 19 歲便已涉足古董行業。他於 1925 年自立門戶，同年位於倫敦 Cursitor Street 的 Marchant 公司正式開業。時至今日，其家族古董產業已經傳承至第四代。

參閱：大明宣德年製款銅鎏金高浮雕雲龍紋獸耳爐

參閱：故宮藏琺瑯蚰龍耳簋式爐

明·大明宣德元年武英殿用款銅鎏金高浮雕趕珠龍紋沖天耳爐底款圖

參閱：故宮藏琺瑯蚪龍耳簋式爐底款圖

參閱：天津博物館展　明中期蚪龍耳簋式爐底款圖

1743

明·大明宣德元年武英殿用款銅鎏金高浮雕趕珠龍紋沖天耳爐

款識：大明宣德元年（公元 1426 年）武英殿用

說明：沖天耳爐是宣德爐造形中的經典，其爐形簡潔明雅，造型飽滿端莊，爐耳向上展開呈祈拜姿態，爐口和爐頸平緩圓轉，肅穆而古樸，歷來為文人雅士書房的陳設必備，也是信仰祭祀的精神承載，故而是宣德爐中最受青睞的爐形。沖天耳爐，寓意敬天法祖，所以任何神佛廟堂、書齋廳室，凡表虔心敬仰，均可擺放。

本件拍品即為沖天耳爐，形制較傳統樣式略加變化。爐身呈圓狀，上下齊平飾兩層乳釘，形似堂鼓，口沿內扣,防止爐灰飛揚,雙沖天耳稍外傾，半圓形耳孔似"城門孔"，下呈三足，粗壯有力，足面浮雕旭日祥雲紋，並加以鎏金，爐形體態碩大，分量頗重。外壁通景採用高浮雕方式鑄以趕珠龍紋，三條龍穿梭於卷雲之中追趕火珠，卷雲與火焰縈繞於龍身之上，層次感極強，卷雲採用雙勾線成形，火焰則以打窪工藝表現，細微之處見真章，其工藝之精可見一斑。工匠以近圓雕方式表現龍首及火珠，立體感劇增，呼之欲出。龍怒目圓睜，雙角朝天，如意大鼻，鬚髮飄揚，神情兇悍，身軀扭動，陰刻鱗片一絲不苟，龍為四爪，爪部筋骨凸起，蒼勁有力，穿梭於層雲焰火間，矯健威猛。龍身、火焰、火珠採用局部鎏金，表現力倍增。所雕龍紋的如意形鼻、後揚的發髻、圓目等特徵與明早期瓷器上所見龍紋同源，可證年代，但龍的精氣神遠勝瓷器。爐底刻款"大明宣德元年武英殿用"十字雙行楷書款，款識下方浮雕雙龍戲珠紋，龍亦為四爪龍並加鎏金，此種形式在銅宣爐中極為少見。四爪之龍為明代龍紋中最顯尊貴的一種，用者皆為皇族。此爐無一處不說明其出身不凡，流傳至今甚為難得。

武英殿，始建於明代永樂年間，位於北京故宮外朝熙和門以西，與位於外朝之東的文華殿相對應，即一文一武。明初帝王齋居、召見大臣皆於武英殿，後移至文華殿。崇禎年間皇后千秋、命婦朝賀儀也在此舉行。明代於武英殿設待詔，擇能畫者居之。綜上，此爐鑄造工藝、裝飾紋樣之考究，規格之大，應為當時武英殿焚香之器。

MING DYNASTY A FINE GILT-BRONZE CENSER WITH DRAGON PATTERN IN HIGH RELIEF AND 'WU YING DIAN' MARK

Provenance: The Marchant Family's collection

高：22.6cm　通徑：31.5cm　口徑：26.5cm　重：8000g

RMB: 500,000－800,000

來源：Marchant 家族舊藏。

參閱：1.《Arts from the Scholar's Studio》第 165 頁，圖版 139 號，香港東方陶瓷學會，1986 年。
　　　2.《故宮琺瑯圖典》第 28 頁，陳麗華編，紫禁城出版社，2011 年。

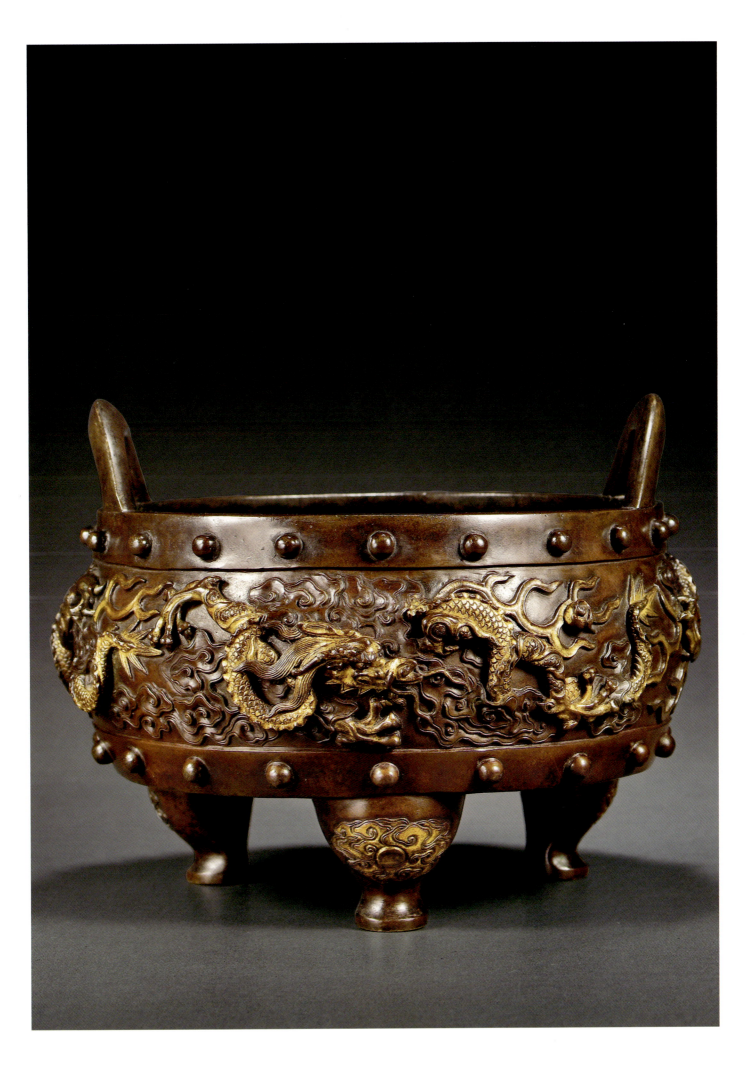

清乾隆·日本松平家族舊藏澄泥仿古虎伏硯

清乾隆

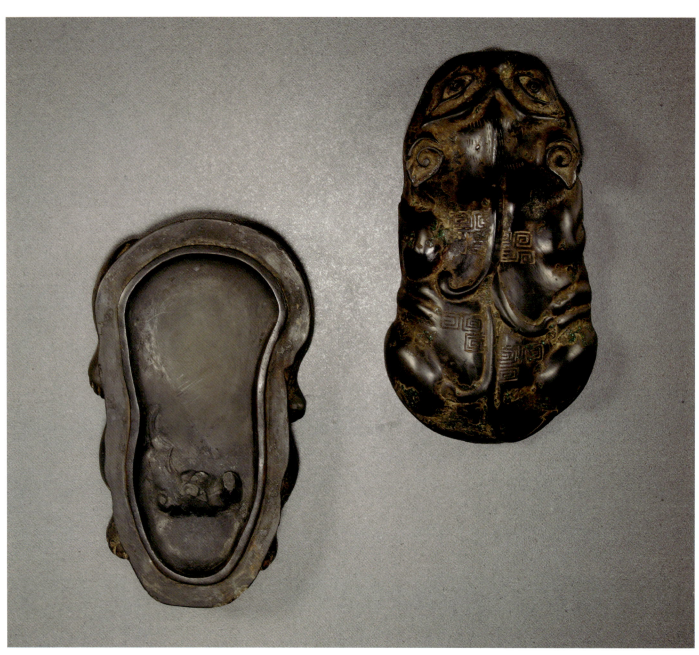

附图 2

澄泥虎伏砚

宋

Picture attached 2:
Chengni Inkstone with the Design of a Crouching Tiger

Song Dynasty

参閱：故宮博物院藏宋代虎伏硯

1744

清乾隆·日本松平家族舊藏澄泥仿古虎伏硯

硯腹陽文：虎伏

說明：此方虎伏硯外盒題簽為"虎符寶硯"、"虎伏硯。舊清宮帝內府御物。后傳來津山藩主松平家元匣及中匣共萬曆織物，外匣桐製。山口惠石翁題。昭和十三年夏故有讓受。因新調杉匣以傳后代也。昭和卅四年初夏。奎堂識。"及"清朝內府御物，綠石虎伏硯，貴品，美作松平家"。由此序可知，此寶硯為江戶時期日本美作國津山藩主松平家族所藏，流傳有序，尤為珍貴。

此品整器作伏虎之形，澄泥質，其色墨黑。從唐代起，端硯、歙硯、洮河硯和硯被並稱為"四大名硯"，澄泥以山西絳州產者最佳。硯表面附礦物顏料點綴青綠銹色，硯蓋巧雕虎首，兩小耳微尖，雙眼高突圓瞪，形象畢肖，靈通活脫。身軀脊柱兩側飾四回紋樣式韻味十足。硯面沿邊起細棱，蓋邊突起與硯身扣合，呈子母口。墨堂略凹，墨池出巧雕蝙蝠。

《西清硯譜》有著錄："伏虎形硯內府所藏，有漢磚虎伏硯一方、宋澄泥虎符硯四方，及清宮廷命吳中巧匠仿澄泥虎伏硯。"其中《西清硯譜》記載虎伏硯在台北故宮藏有一方，原收在圜明圜文源閣。北京故宮所藏虎伏硯中，清乾隆所仿虎伏硯為蘇作工人仿製宋代澄泥虎伏硯樣式，并配以御題紫檀盒。依據《西清硯譜》所述，這類硯式應為仿漢硯形制，從現考古發掘出土實物可見，宋仿和清仿伏虎硯基本以漢代獸形銅製硯盒為原型，現藏於南京博物院的東漢銅鎏金獸形盒硯，器身嵌綠松石等各種寶石。而乾隆時期器表所滿布以礦物顏料仿古銅器的青綠銹色，應為當時漢硯盒上所現銹斑，凸顯乾隆時期仿古仿生技藝的高超。

QIANLONG PERIOD, QING DYNASTY A CHENGNI INKSTONE COLLECTED BY MATSUDAIRA CLAN

Provenance: Matsudaira Clan collection, Tsuyama Domain of Mimasaka Province

高：5.5cm　通經：18.3cm

RMB: 800,000－1,200,000

來源：日本美作國津山藩主松平家族舊藏。

參閱：《蘇·宮——故宮博物院藏明清蘇作文物展》第 220、221 頁，蘇州博物館編，故宮出版社，2016 年。

1745

清 · 祁陽石玉壺春瓶形硯

說明：此硯作玉壺春瓶形，線條流暢柔和，瓶腹為硯堂，平坦寬闊，瓶頸處深挖為硯池，用以儲水
及儲墨。蓋與身皆為祁陽石製，質地溫潤光潔，易於發墨。

QING DYNASTY A VASE-SHAPED 'QIYANG' INKSTONE

高：4.2cm 長：18.2cm 寬：11.7cm

RMB: 30,000－60,000

1746

清乾隆·紅木雕二龍戲珠紋漆面小几

說明：此件小几採用紅木材質，面芯板雙面髹黑漆，漆身遍佈斷紋，高束腰，膨腿鼓牙，外卷足，
　　　牙板鏤雕二龍戲珠，托腮及束腰處分別浮雕俯仰蓮紋和卷草紋。几形制小巧，為文人案頭陳
　　　設觀賞之物，為書房平添一絲雅趣。

QIANLONG PERIOD, QING DYNASTY　A SMALL LACQUERED MAHOGANY
STAND WITH DRAGON PATTERN

高：7cm　長：40.5cm　寬：23.8cm

RMB: 50,000－80,000

1747
清 · 阮元款紅木嵌雲石四條屏

條屏一銘文：1. 秋山極天淨。元（陰）。2. 山雜夏雲多。元（陰）。3. 石聚辰生。元（陰）。4. 春秋多佳日。
　　　　　　元（陰）。

條屏二銘文：1. 山靜太古。元（陰）。2. 高峰入雲。伯元（陰）。3. 海上三山。元（陰）。4. 霜氣入秋山。
　　　　　　元（陰）。

條屏三銘文：1. 晚照。元（陰）。2. 山靜以太古。元（陰）。3. 雲橫玉帶。元（陰）。4. 雲秋圖畫。元（陰）。

條屏四銘文：1. 秋山極天淨。元（陰）。2. 可以清心。伯元（陰）。3. 迷近如畫。元（陰）。4. 天光雲影。
　　　　　　伯元。元（陰）。

說明：掛屏為文房清供中常見裝飾，此掛屏一組四條，清雅精巧。掛屏以紅木為框，上漆黑漆，嵌雲
　　　石作景，每條屏各嵌四幅雲石，呈方形、圓形、扇形等，石面伴有天然紋理圖案，或蒼老似秋山，
　　　或清幽如江川，氣象萬千，有形無態，如雲似霧，凸顯自然之神工。雲石上方留有題記，均刻
　　　有阮元款識，行文短小精煉，以自然景觀為主題，結合文人之想像，展現其天然氣韻，賦予雲
　　　石天然變化之逸趣，莫不令人感歎自然造化之奇妙。此掛屏古雅大氣，保存完好，包漿溫潤，
　　　自然古雅，所嵌雲石紋理難得，盡將大千世界之山川造化神奇的美景濃縮於眼前，實為天人合
　　　一之文房雅設，韻味雋永。

QING DYNASTY A GROUP OF FOUR MARBLE-INLAID MAHOGANY SCREENS
WITH 'RUAN YUAN' MARK

1. 長：95.2cm　寬：25.2cm
2. 長：95.5cm　寬：25.2cm
3. 長：95.3cm　寬：25.3cm
4. 長：95.5cm　寬：25.2cm
數量：4
RMB: 80,000－150,000

款者簡介：阮元（1764～1849），字伯元，號芸臺、擘經老人，江蘇儀征人。乾隆年間進士，選為翰
　　　　　林院庶吉士、編修，後任湖廣、兩廣、雲貴總督。道光十八年（1838 年）以體仁閣大學士
　　　　　致仕。他擅長考證，精通經學。自著為《研經室集》。

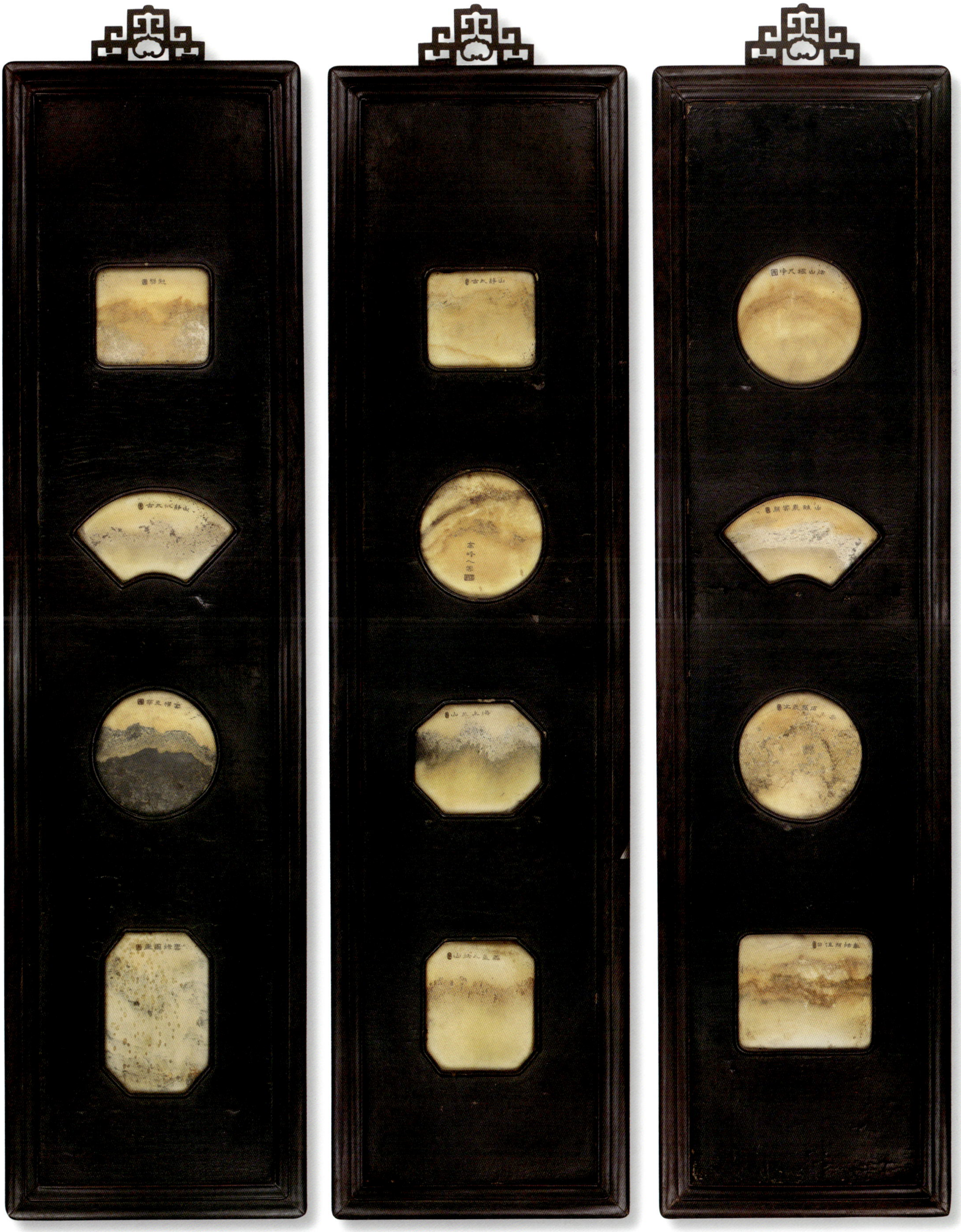

1748

清中期・緙絲羅漢像四條屏

說明：緙絲是一種以生蠶絲為經線、彩色熟絲為緯線，通過古老而繁複的"回緯"技法來織造的平紋織物。
緙字之意，梁顧野王《玉篇》中釋為"織緯也"，故"通經斷緯"法，即為緙絲技藝的最大特點。緙
絲為我國織繡工藝中極為重要的品類之一。織造過程通經斷緯費功耗時，色彩豐富，形象變化度高，
為其他織繡工藝所不及。

此緙絲條屏一組四件，每件呈縱長方形，以米黃色為底，每條屏構圖分上中下三部分，共描繪十二
幅羅漢場景，其以松石、亭臺、樓宇等為隔，各成一景。場景題材以羅漢為主，羅漢神態自然，各
不相同，或席地而坐，或彎腰作揖，祥雲繚繞，山石聳秀，一派祥和。織造羅漢三十九尊，姿態表
情各不相同，人物生動自然，構圖緊湊，整體畫風閒適優然，線條簡潔流暢。此緙絲局部採用金線
緙製，用工精麗，加之人物佈置得當，用色得宜，可謂難得，實乃上乘之作。

MID-QING DYNASTY A GROUP OF FOUR KESI SCREENS WITH ARHAT
PATTERNS

各條屏長：162cm　寬：35.3cm

數量：4

RMB: 280,000－500,000

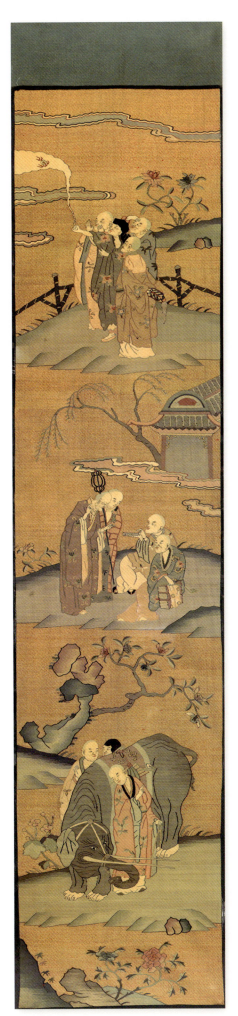

明崇禎・張順修製蕉葉式古琴

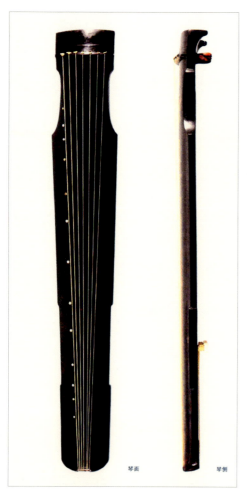

參閱：三峽博物館藏仲尼式古琴

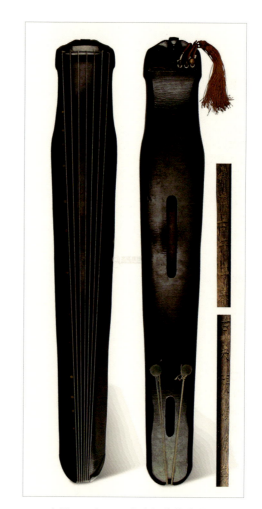

參閱：日本八田兵次郎舊藏蕉葉琴

參閱：山東博物館藏"硯雪"蕉葉式古琴

1749

明崇禎·張順修製蕉葉式古琴

琴內腔陰刻楷書：古吳張順修製。

說明：此琴為明代張順修所斫古琴，琴身修長，作蕉葉式。蕉葉式古
琴是屬於文人造琴的一類，形狀似一片芭蕉葉自然流暢，庭閣
案頭處，宛若置身蕉窗一角，而琴音悠悠，雨打芭蕉之聲，頗
具詩情畫意。蕉葉式相較其它樣式更見琴師功力，因薄邊葉而
琴腔不宜厚，蕉葉起線垂墜的流暢感既有對於斫琴要求極高。
此琴體以桐木與梓木合製，髹黑漆，蛇腹斷及流水斷相間。琴
面邊緣及琴兩側起蕉葉的曲線，琴額處擬蕉葉之莖，自然流暢，
無造作之態。琴面十三個螺鈿徽，木雁足，龍池、鳳沼均為橢
方式。原配紫檀琴軫。

張順修為明末吳中人，明代製琴名家輩出：萬隆、惠祥、南昌
塗氏、錢塘汪氏、張氏五修。而張順修即張氏五修中最負盛名者，
見於記載者除張順修外，還有張寄修、張敬修、張浚修、張敬修、
張季修等。張順修尤擅製蕉葉琴，但蕉葉琴製作難度大，因而
其所斫琴存世量極少。山東省博物館藏張順修作"硯雪"蕉葉
式古琴與此件古琴相似，琴體渾厚圓潤，氣韻生動；三峽博物
館張順修所製仲尼式古琴及日本八田兵次郎舊藏蕉葉琴，皆與
此張琴不相伯仲，亦可見張順修琴之罕見。

CHONGZHEN PERIOD, MING DYNASTY A PLANTAIN-
LEAF-STYLE GUQIN MADE BY ZHANG SHUNXIU

通長：119cm　額寬：15.8cm　隱間：113cm　尾寬：12cm
RMB: 1,200,000－2,200,000

參閱：1. 山東博物館藏"硯雪"蕉葉式古琴。
　　　2. 三峽博物館藏仲尼式古琴。
　　　3. 日本八田兵次郎舊藏蕉葉琴。

琴內陰刻銘文

清·石友竹舊藏毓川款仲尼式古琴

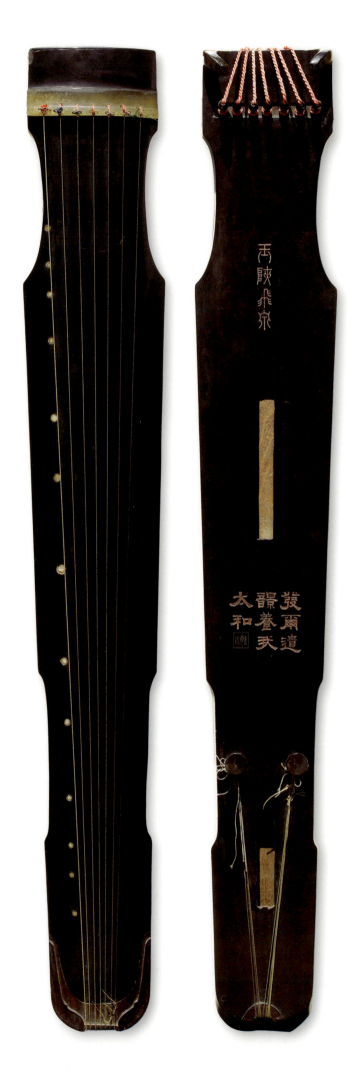

琴內銘文

1750

清·石友竹舊藏毓川款仲尼式古琴

龍池內墨書：濟安吳口造。癸未仲秋月。

龍池上刻：玉陝飛泉。

龍池下刻：發而遺響養我太和。毓川（陰）。

說明："仲尼式"為古琴式樣之一，屬造型最為簡潔的一種，故而最能體現儒家思想中庸內斂的風格。只在琴體的腰部和頭部有兩個內凹的線條，線條簡約流暢、含蓄而典雅。

古琴面板為桐木材質，琴體輕盈、松透，冠角配以紫檀，琴軫、托尾亦為紫檀，嶽山取牛角為材，選料上乘考究。琴肩在二徽處，腰起八徽，收於十一徽。通體以黑色原漆為主，漆色溫潤雅致。鳳舌規整娟秀，琴背面開長方形龍池鳳沼，龍池居腹部正中，鳳沼在腰尾之際，雙足定置於腰部中間。龍池上下方分別刻四字篆書款"玉陝飛泉"，及隸書絕句一首，中規中矩，章法自現。此琴品相上好，未經剖腹，殊為難得，琴家實可藏之。

QING DYNASTY A 'ZHONGNI'-STYLE GUQIN WITH 'YU CHUAN' MARK COLLECTED BY SHI YOUZHU

Provenance: Provided by Shi Youzhu's family.

通長：124cm　隱肩：117cm　尾寬：12.5cm　額寬：17cm　肩寬：19cm

RMB: 400,000－600,000

來源：此件古琴直接得自於石友竹家屬。

銘者簡介：方世儁（？～1769），字毓川，安徽桐城人。乾隆早年進士。歷官太僕寺少卿、陝西布政使、貴州巡撫、湖南巡撫。

藏者簡介：石友竹（1913～1992），江蘇常熟人。祖上讀書為官與翁同龢同朝。童年書法名譽滿城，青年考入蘇州美專、滬新華藝專崇顏文樑、汪亞塵。古琴方面傳為虞山派後裔，與名家吳景略交往甚密，彈得一手好琴，文房技藝樣樣都精。

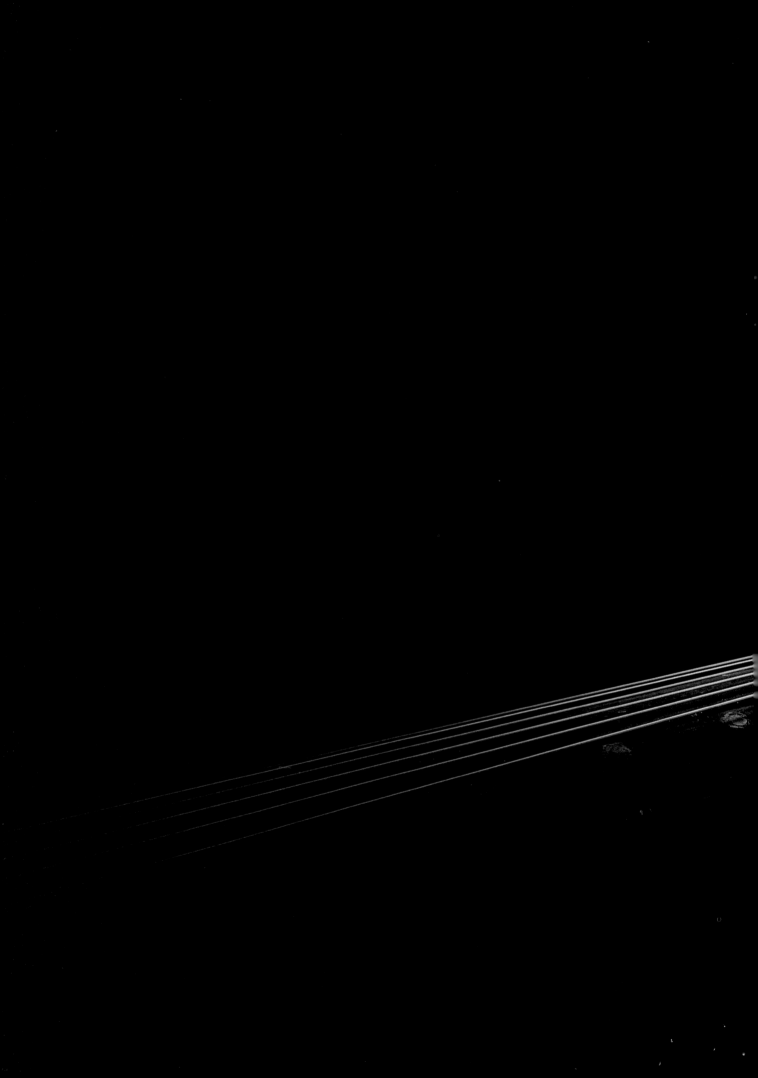

1751

清光緒・仲尼式古琴

龍池內墨書：光緒辛巳（1881年）佛壽日。湖山張隱鑒造。

說明：此琴為仲尼式，木質松黃古樸，髹黑漆，漆面無斷紋，銅徽，琴軫、足、嶽山、龍齦皆為紅木材質，肩起近二徽處，長方形龍池、鳳沼，尾部冠角簡潔大方，齦托承半圓狀。此琴較一般古琴略小，當為方便出行演奏所使用之膝琴，彈奏時盤腿而坐，將琴放置於膝蓋即可演奏。古琴品相上佳，漆色光潔細潤，樸實無華。其整體簡潔大方，弧度有圓有方，剛柔相濟，與仲尼琴式相得益彰，更顯中庸平和，頗能儒家的審美觀念。

GUANGXU PERIOD, QING DYNASTY A 'ZHONGNI'-STYLE GUQIN

通長：109.5cm 隱間：99.5cm 額寬：17cm 肩寬：18cm
尾寬：14cm

RMB: 750,000－900,000

琴內銘文

1752

良渚文化·玉琮

LIANGZHU CULTURE PERIOD A JADE ORNAMENT, *CONG*

高：9cm　長：6cm　寬：6 cm

RMB: 50,000－80,000

參閱:《中國出土玉器全集—浙江卷》第 33 頁，古方編，科學出版社，2005 年。

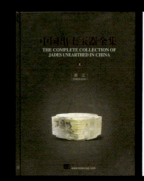

參閱：海寧博物館藏良渚文化玉琮

1752

良渚文化·玉琮

LIANGZHU CULTURE PERIOD A JADE ORNAMENT, *CONG*

1753

齐家文化 · 玉琮

說明：琮玉製，有褐色斑，短射口，外形呈不規則的外圓內方，表面光素無紋，內
壁台痕明顯。玉質晶瑩潤滑，光素典雅，色澤溫潤，泛半透明的質感，具有
古樸自然的風格。

QIJIA CULTURE PERIOD A CELADON JADE ORNAMENT, *CONG*

高：4.3cm　長：6.5cm　寬：6.5cm

RMB：30,000－50,000

參閱：《中國出土玉器全集－甘肅、青海、寧夏、新疆卷》第37頁，古方編，科
學出版社，2005年。

參閱：定西市博物館藏齊家文化玉琮

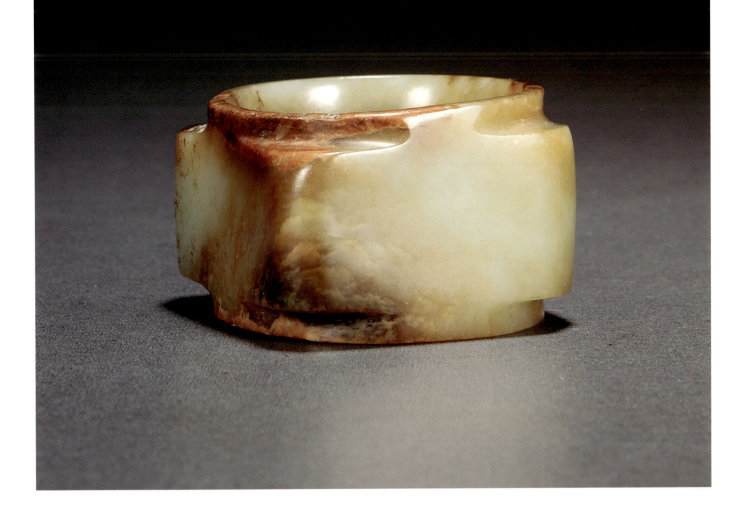

1754
明・玉琮

MING DYNASTY A JADE ORNAMENT, *CONG*

高：3.2cm　長：4.8cm　寬：4.8cm

RMB: 10,000—20,000

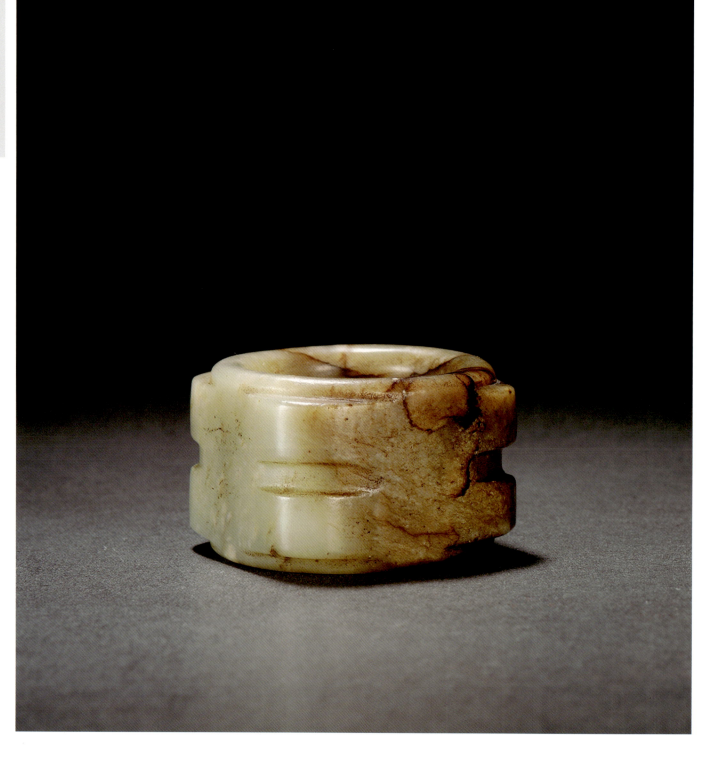

1755

宋·玉琮

SONG DYNASTY A JADE ORNAMENT, *CONG*

高：3cm　長：5cm　寬：5cm

RMB: 10,000－20,000

1752號——1767號拍品為同一藏家舊藏

1756

紅山文化・玉璧

HONGSHAN CULTURE PERIOD A JADE DISC

外徑：5.9cm　內徑：1cm

RMB: 10,000—20,000

背面圖

紅山文化・玉璧

HONGSHAN CULTURE PERIOD A JADE DISC

1757

宋·穀紋玉璧

說明：圓环形，內外緣凸起轮廓线，两面碾琢穀紋，穀粒飽滿，雕琢精到，氣韻靈動，
規整精巧。

SONG DYNASTY A JADE DISC WITH GRAIN PATTERN

外徑：4.7cm　內徑：1.7cm
RMB: 20,000—30,000

背面圖

宋·穀紋玉璧

說明：圓环形，內外緣凸起轮廓线，两面碾琢穀紋，穀粒飽滿，雕琢精到，氣韻靈動，
規整精巧。

1758

明·玉雕龍鳳紋玦

說明：玉玦最早出現於新石器時代，滿者為環，缺者玦，古時多為王侯佩帶。玉身布有黃色沁斑，雙面浮雕龍鳳紋，形制古樸，包漿醇厚。

MING DYNASTY A JADE PENDANT WITH DRAGON AND PHOENIX PATTERNS

外徑：5.7cm　內徑：1.7cm

RMB: 10,000－30,000

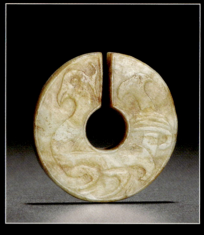

背面圖

1759
漢・青玉渦紋璧

HAN DYNASTY A CELADON JADE DISC WITH RIPPLE PATTERN

外徑：7.4cm　內徑：2.6cm
RMB: 30,000—50,000

背面圖

1760

明·白玉雕四神璧

說明：此件玉璧以白玉為材，一面雕飾龍鳳、麒麟與玄武四神，另一面雕有變形獸面
　　　紋飾。雕工流暢精細。

MING DYNASTY A WHITE JADE DISC WITH MYTHICAL ANIMAL
PATTERN

外徑：8.2cm　內徑：1.8cm

RMB: 30,000－60,000

參閱：台北故宮博物院藏四神璧。

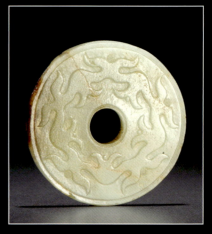

背面圖

參閱：台北故宮博物院藏四神璧

1761

宋·蒲紋玉璧

說明：此件玉璧，通體褐沁，雙面皆飾蒲紋。蒲紋，是由三種不同方向的平行線交叉組織形成近乎
　　　蜂房排列的六角形的紋樣。此樣紋流行於漢代，宋明之間也有少量製作。漢代蒲紋中常有陰
　　　刻谷紋，而到宋代仿戰漢的玉器中，蒲紋是較為常見的紋飾，除玉璧玉環以外，仿漢玉劍飾
　　　中也多有涉及。

SONG DYNASTY　A JADE DISC

外徑：12cm　內徑：4cm
RMB: 95,000—120,000

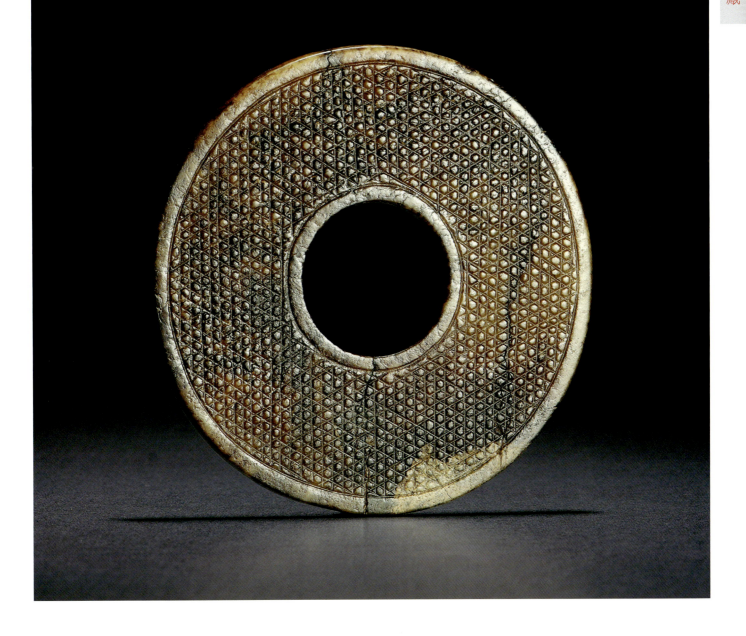

1762

明·白玉褐沁蒲紋劍璏

說明：此劍璏浸黃褐沁色，正面滿雕排列整齊有序的蒲紋。玉劍璏由春秋戰國時期興起，
　　　至漢達至極盛，後實用性漸失，玉劍璏到明清兩代已逐漸和四套一組的玉具劍
　　　脫離而單獨演變成為一種專供賞玩的玉器，不再用於佩劍裝飾，稱為文帶、昭文
　　　帶。整器造型古拙，皮色沉靜，可賞可佩。

MING DYNASTY A RUSSET JADE SWORD ORNAMENT WITH
CATTAIL PATTERN

高：2cm　長：10cm　寬：2.8cm
RMB: 10,000－20,000

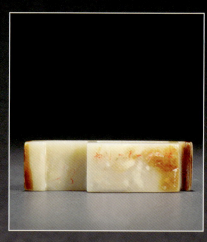

背面圖

1763

漢·螭龍紋玉劍璲

說明：玉劍璲正面雕螭龍紋，周身布有黑褐沁色，古樸醇厚。

HAN DYNASTY A JADE SWORD ORNAMENT WITH 'CHI' PATTERN

高：2.5cm　長：6.8cm　寬：2.5cm

RMB: 10,000－20,000

1764

宋・玉雕斧形佩

說明：此佩件取料厚實，巧作斧形，上厚下薄，中上部作對穿孔，孔周圍淺浮雕螭龍
紋裝飾，另一面中部淺刻卷草紋，整器造型敦厚，頗具古韻。

SONG DYNASTY AN AX-SHAPED JADE PENDANT

長：5cm　寬：4.7cm

RMB: 10,000－20,000

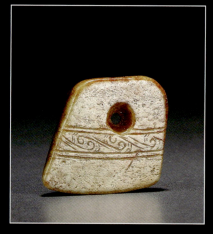

背面圖

1765
宋·玉劍珌

SONG DYNASTY A JADE SWORD ORNAMENT

長：6cm　寬：5cm
RMB: 10,000－20,000

1766

明·螭龍紋玉劍璏

MING DYNASTY A JADE SWORD ORNAMENT WITH 'CHI' PATTERN

長：7.6cm

RMB: 10,000－20,000

1767

清 · 白玉巧雕螭龍紋雞心佩

說明：玉佩體扁，略作橢圓形，中心穿一圓形孔，一面略突，一面稍凹。周邊黃褐色
玉皮巧作透雕螭龍紋，螭龍扭頸回首，亞字眉眼，炯炯有神，廣額如意形大耳，
眼際往上翻卷，與頸、身互連接。螭龍身軀修長，肢體柔韌，前肢收於腹下，
後肢則向兩側開張，穿梭前行，蓄勢待發，營造出懾人氣勢。整體佈局飽滿，
充滿張力，雕工蒼勁，線條流暢。

QING DYNASTY A WHITE JADE 'CHI' PENDANT

長：7cm　寬4.5cm

RMB: 10,000－20,000

背面圖

1768

清·銅布袋和尚立像

說明：布袋和尚為五代後樑時期之僧人，明州奉化人。因常背負一只布袋，又稱布袋和尚。此銅立
像為布袋和尚之典型造型，和尚天庭飽滿，面頰寬闊，雙耳下垂，身著布衫，布袋搭於右肩，
一副寬容超脫，無憂無慮之態。此立像銅質精良，包漿自然，製作精細，原配紅木底座。

QING DYNASTY A BRONZE FIGURE OF BUDAI MONK

Provenance: Previously collected by Hangzhou Antique Store.

帶座高：17cm 高：14.5cm

RMB: 10,000－30,000

來源：杭州文物商店舊藏。

1769

壽山石雕戲獅羅漢清趣圖擺件

說明：此羅漢擺件由兩個部分組成，所描述的場景為羅漢修道於松樹下，根據壽山石綠、紅、白等
　　　豐富的色彩突出表現場景，白壽山石雕刻的羅漢手持佛手，旁有瑞獸，道法自然，怡然自得。
　　　而山石與松葉交相呼應，依色巧雕，情趣盎然。

A SHOUSHAN STONE CARVING GROUP

帶座高：20.8cm　羅漢高：8.8cm

RMB: 15,000－20,000

1770

清・黃楊木雕布袋和尚立像

說明：此件黃楊木布袋和尚笑容可掬，大耳垂肩，袒胸露腹，披寬袖僧袍，右手持珠，左手木擔後
　　　搭一布袋。布袋和尚為五代後梁時期之僧人，明州奉化人。因常背負布袋，又稱布袋和尚。
　　　底部原配紫檀竹石座。整器神態如生，雕工細膩圓潤，頗具大家之風。

QING DYNASTY A BOXWOOD FIGURE OF BUDAI MONK

帶座高：17.5cm　高：15cm

RMB: 20,000－30,000

1771

民國 · 朱子常製黃楊木雕童子像

款識：子常

說明：童子像以黃楊木雕成，呈站立狀，頭微側，瞇眼微笑，雙手一高一低，雙腿一前一後，身著短袍，
　　　赤腳站立，衣褶層迭，腿部筋骨肌肉均雕琢到位。原配紅木座，作洞石狀，一側陰刻 "子常" 款。

REPUBLIC OF CHINA A BOXWOOD FIGURE OF ARHAT MADE BY ZHU ZICHANG

帶座高：14.7cm　高：11cm

RMB: 38,000－50,000

作者簡介：朱子常，名正倫，字子常，晚清民國浙江永嘉人，近現代著名黃楊木雕藝術家。因其技
　　　藝高超，不同凡響，時人稱其為 "倫仙"。其作品參加南洋勸業會、巴拿馬世界博覽會皆
　　　有獲獎。

器座邊側款識圖

1772

清早期·龍眼木雕和合二仙擺件

說明：擺件以龍眼木為材，雕琢精細生動。二仙並坐，神情喜悅，一仙手捧木盒，另外一仙以手相指，
　　　似乎交談甚歡。擺件運刀細膩流暢且取意祥瑞，是一件玩味十足的木雕作品。

EARLY QING DYNASTY　A LONGYAN WOOD ORNAMENT OF IMMORTALS

高：6.4cm　長：10.2cm

RMB: 20,000－30,000

1773

清·壽山石雕賢者像及紫檀羅漢床一組兩件

銘文：倉梧關太史伯珩公四十歲造像，男祖章敬鐫。

說明：原配紫檀羅漢床座。座上另附木牌，墨書：於武學胡同六號。自一九五三年由
八面槽甲九號遷居自置房屋。將滿兩載。方有暇杌來將此寶座墊及伯珩公造像
擦亮。一九五五年八月十一日。嗣男關祖章謹誌。關祖章（1894～1966），廣
西省蒼梧縣人。歷任民國政府交通部工程師、梧州工務局局長、平漢鐵路工程
處處長。

QING DYNASTY A SHOUSHAN STONE FIGURE OF SCHOLAR AND A ZITAN STAND

通高：8cm 床高：9.2cm 床寬：5cm 賢者高：5.8cm
數量：2
RMB: 10,000－20,000

賢者背面銘文

羅漢床底銘文

1774

清・竹根雕隨形筆筒

說明：筆筒以竹根隨形雕就，根節均勻分佈，筒身扁圓，口沿及底足均打窪修飾，渾然天成中透出
幾分文人之氣。

QING DYNASTY A BAMBOO-ROOT BRUSHPOT

高：15cm　通徑：13.6cm

RMB: 10,000－20,000

1775

清早期·青田石浮雕鳴蟬竹枝圖筆筒

EARLY QING DYNASTY A QINGSHAN STONE BRUSHPOT WITH CICADA
AND BAMBOO PATTERNS IN RELIEF

高：14.6cm 通徑：12cm

RMB: 10,000－20,000

清早期·青田石浮雕鳴蟬竹枝圖筆筒

EARLY QING DYNASTY A QINGSHAN STONE BRUSHPOT WITH CICADA
AND BAMBOO PATTERNS IN RELIEF

1776

清早期・黃楊木鏤雕高士圖筆筒

說明：筆筒採用黃楊木整挖而成，下呈三足，筒身採用浮雕及鏤雕工藝表現高士論道的場景，刀法犀利，線條鏗鏘。筆筒體態小巧，造型娟秀，不失文雅之趣。

EARLY QING DYNASTY AN OPENWORK BOXWOOD BRUSHPOT WITH SCHOLAR PATTERN

高：8.1cm 口徑：5.5cm

RMB: 20,000－30,000

1777

清·紫檀鏤雕松下高士筆筒

說明：紫檀鏤雕筆筒整木掏膛，微束腰，通體烏黑，包漿醇厚瑩潤，密佈牛毛紋，其掏底木芯嚴絲合縫。
其壁鏤雕松下高士圖，高浮雕山石松枝與人物淺浮雕相稱，加之留白處的鏤雕，使得高士圖
的空間感得以延伸，其技藝精湛，為之讚歎。筆筒凝練，繁簡有度，人物傳神，加之此題材
筆筒多為竹雕，以紫檀為料甚少，可謂珍貴難得。

QING DYNASTY AN OPENWORK ZITAN BRUSHPOT WITH SCHOLAR PATTERN

高：13cm 口徑：9.8cm

RMB: 100,000－120,000

水如碧玉山如黛 露似真珠月似弓

甲寅八月書於藝不雄

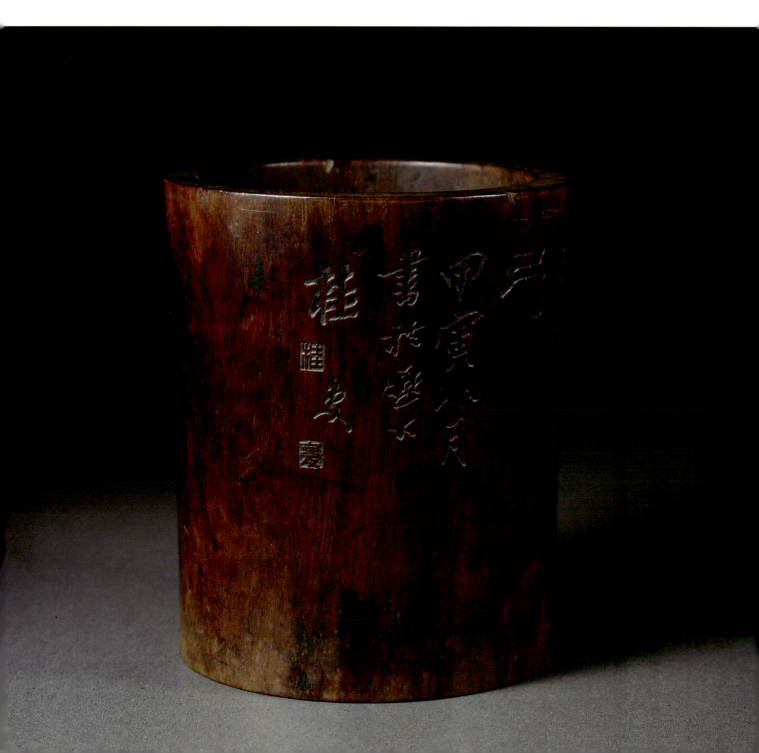

1778

清·桂馥款黃花梨雕詩文筆筒

銘文：水如碧玉山如黛，露似真珠月似弓。甲寅八月書於歷下。桂。桂（陽）。複。複（陽）。

說明：筆筒選用黃花梨材質，筒身陰刻隸書詩文，書法規整，功力可現。配雞翅木底芯。

QING DYNASTY AN INSCRIBED HUANGHUALI BRUSHPOT WITH 'GUI FU' MARK

高：15cm　口徑：13cm

RMB: 50,000－80,000

款者簡介：桂馥，字冬卉，一字未穀，號雩門、瀆井、肅然山外史等，山東曲阜人，乾隆五十五年進士。
　　　　　善書畫、篆刻、漢隸，雅負盛名。

桂馥像

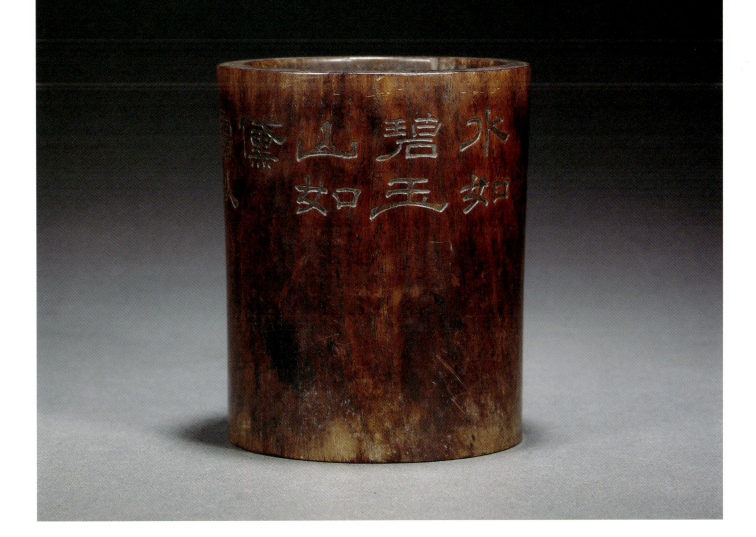

1779

清·包世臣款紫檀筆筒

銘文：耐煩書舍。世臣。

說明：紫檀筆筒呈圓柱狀，色澤烏黑，皮殼光澤瑩潤。外壁刻有"耐煩書舍，世臣"，內填石綠。包
世臣曾題楷書匾額"耐煩書舍"四字，內填石綠。沿邊齊平，內部掏製平整，壁面較厚，底
微起三足，足起線簡潔精巧。器形穩重大氣，形制規整大方。

QING DYNASTY A ZITAN BRUSHPOT WITH 'BAO SHI CHEN' MARK

高：13.7cm　　口徑：11.4cm

RMB: 120,000－180,000

款者簡介：包世臣（1775～1855），字慎伯，一字誠伯，號倦翁、慎齋、小倦遊閣外史，安徽涇縣人。
工書法、篆刻，為鄧石如入室弟子，尤精行、草、隸書，為時所重。

包世臣像

民國 · 金西厓款竹刻詩文扇骨

銘文：1. 青青園中葵，朝露行日晞。陽春布德澤，萬物生光輝。常恐秋節至。甲子冬日。
　　　 2. 焜黃華葉衰。百川東到海，何時復西歸？少壯不努力，老大乃傷悲。庵僧書，西厓刻。

REPUBLIC OF CHINA AN INSCRIBED BAMBOO FAN RIB WITH 'JIN XI YA' MARK

長：30cm
RMB: 10,000－20,000

款者簡介：金西厓（1890～1979），名紹坊，字季言，號西厓。以號行。浙江吳興人，久寓上海。
　　　　　金西厓是近現代竹刻藝術史上一位繼往開來的著名竹刻藝術大師。其兄金紹城是著名的
　　　　　國畫家，仲兄金紹堂也是著名的竹刻家，他亦是著名文物鑒賞家王世襄的四舅父。

1781
清·張廷濟款紫檀刻金石扇骨

銘文：1. 商執戈父癸盉。
2. 是器，形制奇古，與呂氏圖合，蓋商遺也。道光癸卯八月，叔未張廷濟。

QING DYNASTY AN INSCRIBED ZITAN FAN RIB WITH 'ZHANG TING JI' MARK

長：32cm

RMB: 30,000－50,000

款者簡介：張廷濟，清代金石學家、書法家，原名汝林，字順安，號叔未，浙江嘉興新篁人，擅書畫，能篆、隸，精行、楷，草隸為當時第一流。

張廷濟像

1782

清·靈芝奇木擺件

說明：原配紅木座。

MING DYNASTY A BURL 'GANODERMA' ORNAMENT

帶座高：78cm

RMB: **無底價**

1783

清・奇木隨形鴨擺件一對

說明：此組鴨形擺件造型憨態可掬，一只作仰天狀，另一只回首狀。隨形奇木，身軀以樹瘤為形作
　　　羽翼，而首足處簡單雕飾，取自然之趣，生動可愛。

QING DYNASTY A PAIR OF BURL DUCKS

1. 高：32.6cm
2. 高：15.6cm
數量：2
RMB: 10,000－20,000

1784

宋·仿西周青銅罃

銘文：□□

說明：宋仿西周青銅罃，似黑漆古，紅銅綠銹，包漿純熟，久經盤玩，皮殼蒼古盈潤。罃，侈口束頸、折肩圜底，其流鑄獸形，圓目濃眉，闊鼻張口，神態靈動活潑。另一側為鹿首鋬與管型獸流相對。肩部龍紋與腹部三角雲雷紋及瓦溝紋兼具西周青銅紋飾之典型。西周中期罃為柱足，而至晚期則演化為乳足，此件為三獸足，獸形威嚴有力，造型飽滿，較商周時期罃更加穩重。而足內側延伸至器底面的范線，以失蠟法鑄模時特意仿製，以求逼真效果，頗有異趣。青銅罃最早出現於西周中期，就現今的考古發現來看，主要集中於西周晚期。此類形制與盉相通，在學術分類上，也有將短足長頸的盉稱為罃。而罃是從銘文中演化而來，如陝西歷史博物館所藏伯百父罃以及 2001 年紐約蘇富比所拍一件青銅罃，在銘文上明確有記錄；而同一樣式的器物，如《西清古鑒》記載的吳大澂舊藏的季良父盉，在器內文字則另有所述，因此兩者無法割裂述說。文人好古，金石學繼仿鑄青銅的興盛，是世人對禮崇拜的一種描摹，青銅罃呈現的琢器之美，不僅僅是對於商周器物的複製，而是在細節處輔以新工藝與紋飾，從而更具時代審美意蘊。

SONG DYNASTY A BRONZE VESSEL OF WESTERN ZHOU STYLE, *YING*

高：18.2cm　通徑：34.5cm

RMB: 280,000－500,000

參閱：《清代蘇州吳氏的收藏》第 39 頁，蘇州博物館編，譯林出版社，2017 年。

器物內部銘文

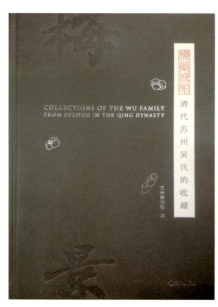
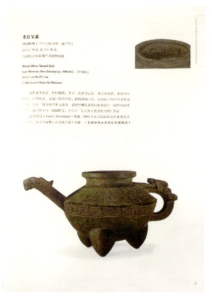

參閱：吳大澂舊藏季良父盉

宋·仿西周青铜盨

1785

明 - 清 · 銅如意雲紋蓮花供座

說明：明清器物陳設講究美器必配美座，此件供座工藝精細，上半部分
裝飾俯仰蓮紋，高束腰，鏤空如意雲紋，下呈三彎腿，底部有托
泥。造型流暢，小器大作，極具觀賞性，邊角線條圓潤且富有張力，
曲線收放自如，應是置放重要華貴器物之用。

**MING-QING DYNASTY A BRONZE PEDESTAL WITH
LOTUS AND CLOUD PATTERNS**

高：13cm　　口徑：14.8cm　　重：1143g

RMB: 30,000－50,000

參閱：《故宮博物院藏器座　卷三》第192頁，故宮博物院編，故宮出版社。

參閱：《故宮博物院藏器座　卷三》

1786

漢 · 青銅鉦

說明：此鉦為鉦常見樣式，鉦體狹長，舞橫與於橫相差不大，枚分佈於鉦體的二分之一以上，枚與
　　鉦之間以繩紋相隔。甬部中空，頂端不封衡，內設一橫樑用於懸掛。配紅木鐘架，由禮樂之
　　器成為文人及貴族案頭的常見陳設，即反映出崇古的審美情趣，也寓意"鐘鳴鼎食"體現出
　　主人的社會地位。

HAN DYNASTY A BRONZE CHIME, *ZHENG*

帶座高：41.3cm　鉦長：29.5cm

RMB: 60,000－80,000

賈景德像

原配錦盒照

1787

明·賈景德舊藏虢叔旅鍾

銘文：虢叔旅曰："丕顯皇考惠叔穆穆秉元明德，御於厥辟，得純亡愍。旅敢肇帥型皇考威儀，□御於天子。乃天子多賜旅休。"旅對天子魯休揚，用作朕皇考惠叔大林和鍾。皇考嚴上，異在下。降旅多福。旅其萬年子子孫孫永寶用享。

說明：明清兩代多具仿古之風，尤好商周禮器。而此件編鍾為明代仿西周銅鍾——虢叔旅鍾。甬鍾形制，舞上甬管，體呈瓦形，作橋口，腹微鼓，造型比例准恰，合乎禮法。柱狀甬頂飾獸面紋。其舞開回紋地，螭龍伏於其上。兩側鉦部肩列三行錐形枚。鼓部分作三層，淺刻幾何紋地，對稱作獸面紋飾，開圓形鼓釘鍾乳。兩面甬鍾中部以金文銘。編鍾作為中國古代禮樂制度的重要象徵，為古代宮廟中祭祀和宴饗奏樂時之必備。

原配紅木架座及鍾鍾。

MING DYNASTY   A BRONZE CHIME COLLECTED BY JIA JINGDE

Provenance: Previously collected by Jia Jingde and provided by his family.

鍾高：33cm   長：21cm

RMB: 120,000－180,000

來源：賈景德舊藏，由其家屬友情提供。

藏者簡介：賈景德（1880～1960），字煜如，號韜園。光緒十五年登己丑科進士。後應聘主講於汾州府（今汾陽）西河書院。辛亥革命後，相繼出任北洋政府總統典禮官、約法會議山西議員、段祺瑞"安福國會"議員。

局部漆書及款識圖

阮元像

參閱：中國國家博物館藏唐石雕阿彌陀佛像

1788

唐·阮元舊藏石雕釋迦牟尼背屏式造像

銘文：1. 大齊河靖元年三月一日張建敬造。

　　　2. 嘉慶七年揚州阮氏珍藏。伯元（陰）。

說明：此造像三位一體，石皮純熟，呈拱門形。主尊釋迦歲月洗滌，臉部輪廓依稀可見，面相飽滿，肉髻簡潔圓潤，眉眼若彎月，雙唇微抿，慈祥寧靜。貼身著天衣，衣垂自然。左手置於左膝，右手定印無從考證。全跏趺坐於方形台上，下部小蓮座雙層覆蓮瓣，陰刻寬大肥碩，唐韻十足。左右兩側兩菩薩侍奉立於蓮蓬之上，輪廓造型柔美，曲線婀娜，佛裝翩翩飄逸，帶有唐代造像典型特徵。台座前部有供養人所發願文。銘文為"大齊河靖元年三月一日張建敬造。"而石像左側"嘉慶七年揚州阮氏珍藏。"例證了此造像千年為文人雅士所推崇禮敬的傳奇。嘉慶七年（1802年）阮元正於杭州任巡撫，偶得石佛，異常珍視，題記其上以抒崇佛之心。而後此尊石像流經輾轉，遠渡歐美，而今重回杭州，也謂之佛緣。

TANG DYNASTY A STONE FIGURE OF SAKYAMUNI COLLECTED BY RUAN YUAN

Provenance: 1. Ruan Yuan's collection.

　　　　　2. Karl Jung's collection, Zurich.

　　　　　3. Francis G. Wicks's collection, New York.

　　　　　4. Priscilla Luke's collection, New York, 1961.

　　　　　5. Edith Nose's collection, New Jersey, 1962.

　　　　　6. Elly Whitney's collection, New Jersey, 1995.

高：34.2cm

RMB: 120,000－180,000

來源：1. 阮元舊藏。

　　　2. 卡爾·榮格（1875年～1961年），蘇黎世。

　　　3. 弗朗西斯 G. 威克斯（1875～1967）舊藏，紐約。

　　　4. 普莉希拉·盧克舊藏，紐約，1961年。

　　　5. 伊迪斯·諾絲藏，新澤西，1962年。

　　　6. 愛莉·惠特尼舊藏，新澤西，1995年。

參閱：中國國家博物館藏唐石雕阿彌陀佛像。

藏者簡介：阮元（1764～1849），字伯元，號芸台、擘經老人，江蘇儀徵人。乾隆年間進士，選為翰林院庶起士、編修，後任湖廣、兩廣、雲貴總督。
　　　　　道光十八年（1838）以體仁閣大學士致仕。他擅長考證，精通經學，自著為《研經室集》。

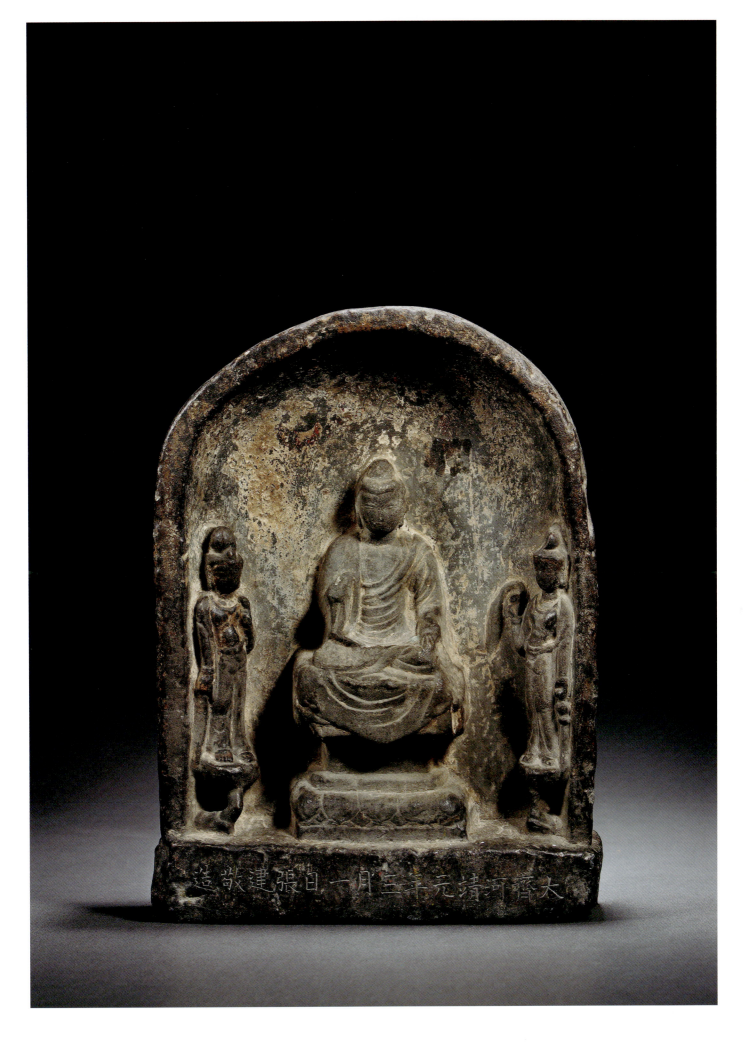

1789

元·鐵錯銀花卉紋執壺

說明：執壺兩面以浮雕和錯銀方式裝飾花卉紋。配烏木蓋，蓋鈕浮雕瑞獸紋。

YUAN DYNASTY A SILVER-INLAID IRON EWER WITH FLORAL PATTERN

高：25.5cm

RMB: 22,000－35,000

底款圖

1790

南宋・蘇漢臣監造薑娘子製萬字紋方爐

款識：紹興二年大寧廠臣蘇漢臣監督薑氏鑄至德壇用。

說明：此件回紋銅方爐，棱邊起素線，頂蓋及爐身皆做四方形，方正規矩。爐身滿飾
　　　回紋地，爐頂鏤空萬字紋，呈規矩排列，爐身兩側飾獸耳銜環，下承四轉角方足，
　　　整體造型精緻細膩。器身底書"紹興二年，大寧廠臣蘇漢臣監督，薑氏鑄，至
　　　德壇用。"二十字篆書款。款中銘文出自《尖陽叢筆》，其字雖寥寥然交代了年代、
　　　機構、官職、鑄匠、用途等，但為後世留以考據，乃不可多得之佳器。盒內附
　　　外國藏家標籤。

**SOUTHERN SONG DYNASTY A SQUARE CENSER MADE BY
JIANG NIANGZI UNDER SUPERVISION OF SU HANCHEN**

高：9.2cm　長：15.6cm　寬：11.7cm　重：1080g

RMB: 30,000－60,000

作者簡介：薑娘子，南宋時人，女。據明高濂《遵生八箋》記述，杭州薑娘子為宋元
　　　　　鑄銅名家，"其撥蠟亦精，煉銅亦淨，紋片精美，制度可觀，不讓古代，可
　　　　　入上賞。"尤善鑄古銅器，所鑄皆刻其名。

爐內標籤

碗底內壁鏨刻銘文

1791

宋·蓮瓣金製碗一對

碗底內壁鏨刻銘文：李家十分。

說明：金碗一對，以金片捶揲而成，為十二瓣蓮花式。侈口，深腹，喇叭狀圈足。胎體薄而略有變形。其一在口沿下方捶揲一周蓮瓣形陰線，以豐富蓮瓣的層次。另一外壁光素。從形制看，兩碗與臺北故宮所藏北宋汝窯蓮花式溫碗相近，為宋代典型樣式。兩碗金色螢亮，皆在碗心及底足內鏨刻出細陰線的纏枝花及六瓣花卉圖樣，圈足內壁鏨刻"李家十分"四字，表示了當時鍛造工匠或店鋪名號、黃金成色等資訊，是宋代金銀器上常用的銘文樣式。此對宋代金碗無論在造型上或紋飾上一反唐代的富麗之風，而變為素雅。雖然沒有富麗堂皇的紋樣，但在金質上更加洗練精純，在造型上新穎雅致、典雅精巧，是宋代金銀器風格的代表。

SONG DYNASTY A PAIR OF GOLD 'LOTUS' BOWLS

Provenance: Private Japanese collection.

1. 高：8.4cm　口徑：11.4cm　重：141g
2. 高：8cm　口徑：11.5cm　重：136g
數量：2
RMB: 280,000－380,000

來源：日本藏家舊藏，大正九年（1920年）出版於京都美術俱樂部。
參閱：臺北故宮藏汝窯葵口洗。

大正九年（1920年）出版於京都美術俱樂部

參閱：臺北故宮藏汝窯葵口洗

1792

明 - 清 · 銀鎏金鏨刻瑞獸佛教八寶圖卷草花卉紋盞托

說明：1. 高足碗自元代始便風行開來，入明更甚，直至清乾隆朝之後，這股風潮才逐漸隱去。明清
統治階級與西藏上層僧侶互動密切，所以此造型不光見于中原地區，西藏寺院及文博機構
也藏有大量同時期的高足碗，且種類豐富，品質上乘。據對明清藏傳佛教文化及流傳西藏
的官窯瓷器的考證，這些高足碗應為朝廷賞賜西藏之物。此件銀製盞托即專為高足碗定製，
做工精細繁縟，西藏風格明顯，可見西藏對朝廷賞賜之重視。
盞托以滿工鏨刻工藝通身裝飾，寶塔式碗蓋頂層採用銀鎏金工藝，蓋鈕為琉璃仿翡翠珠鈕，
碗蓋中間一層鏨刻開光佛八寶紋，下層刻八種法器，此外均以纏枝花卉錦地紋裝飾。托以
鏨刻、模印、錘打等技法亦做纏枝花卉紋錦地，盞托內部凸起開光，內鏨刻神龍、瑞獅、
仙鶴、猛虎、仙鹿等瑞獸紋飾並加以鎏金，形態生動，雕刻靈趣，底座呈八棱狀，飾卷草
花卉紋。整體工藝精細，不為多見，地域風格極為明顯，即可證明朝廷賞賜西藏之傳承歷史，
頗為珍貴。

2. 圖中所示瓷碗為西泠印社 2018 年春季拍賣會《中國歷代瓷器專場》拍品。

MING-QING DYNASTY A GILT-SILVER SAUCER WITH AUSPICIOUS PATTERN

高：14cm　通徑：13.5cm　重：277.6g

RMB: 80,000－120,000

1793

宋·铜山形笔架

說明：此筆架銅鑄，黑褐色，造型簡潔，三峰式，峰體尖細，峰間空隙用於擱筆，山體兩側沿山峰
作嶙峋狀裝飾，原配紅木底座。此筆架設計簡單，做工精良，古樸又不失其實用價值，實為
案頭文房佳品。

SONG DYNASTY A BRONZE BRUSH HOLDER

帶座高：8cm　高：7cm　長：12.7cm

RMB: 32,000－50,000

唐 · 驪山石雕箕形硯

TANG DYNASTY A LISHAN INKSTONE

高：3.7cm　長：17cm　寬：11.5cm

RMB: 30,000－50,000

1795

唐・驪山石護法獅

說明：此護法獅為驪山石所製，蹲坐於方形台座上，造型飽滿豐厚，前肢撐地，後肢蹲立，有隨時躍起之勢，獅口微啟，雙目睜圓，整個軀體內斂敦實，獅身肌肉似乎富有張力，兇悍威嚴，卻凶而不惡，寬鼻闊口，隆眉分側，頸鬣微曲，前後腿位置處理得十分巧妙。整體飽滿敦實，造型比例舒展勻稱，生動而有活力，體現出獅子雄偉與沉穩的內外精神。其精神氣韻，妙如繪畫，用概括和誇張的手法，和渾厚有力的線條表現出獅子作為獸中之王的神韻，顯得威武雄壯，彌足珍貴。在佛教經典和藝術圖像中，皆以獅子來譬喻佛陀，稱佛陀為"人中師子"，他說法為"獅子吼"，因為獅子一聲吼，百獸鎮服，正在佛陀聖教能警醒迷茫眾生。據程張先生考證：唐朝京城的居民多居住於"坊"中，這是一種由政府劃定的有圍牆和坊門便於防火防盜的住宅區，其坊門多製成牌樓式，上面寫著坊名字。在每根坊柱的柱腳上都夾放著一對大石塊，以防風抗震。工匠們在大石塊上雕刻出獅子、麒麟、海獸等動物，既美觀又取其納福招瑞吉祥寓意，這是用石獅子等瑞獸來護衛大門的雛形。正是這種流行，使唐代石獅雕刻藝術達到了頂峰，將傳神寫照完全融匯與雕刻之中，獅子的形態顯得異常壯麗，氣勢凌人。

參閱：河北省博物館藏唐代石獅

TANG DYNASTY A LISHAN STONE LION

高：14.3cm

RMB: 30,000－60,000

參閱：河北省博物館藏唐代石獅。

1796

北齊 · 豹斑石浮雕蓮瓣紋佛座

說明：該件蓮花座，蓮花花瓣飽滿，刻琢古樸，石色青黃，整體器物氣息莊重，頗具古意。

NORTHERN QI DYNASTY A 'LEOPARD' STONE PEDESTAL

高：6cm　長：20cm　寬：20cm

RMB: 50,000－80,000

參閱：青州博物館藏石佛。

參閱：青州博物館藏石佛

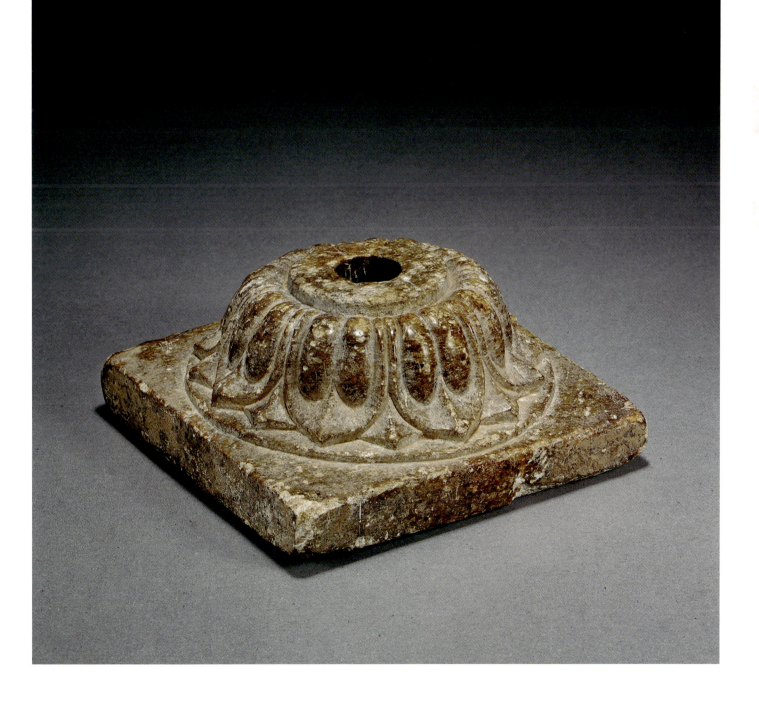

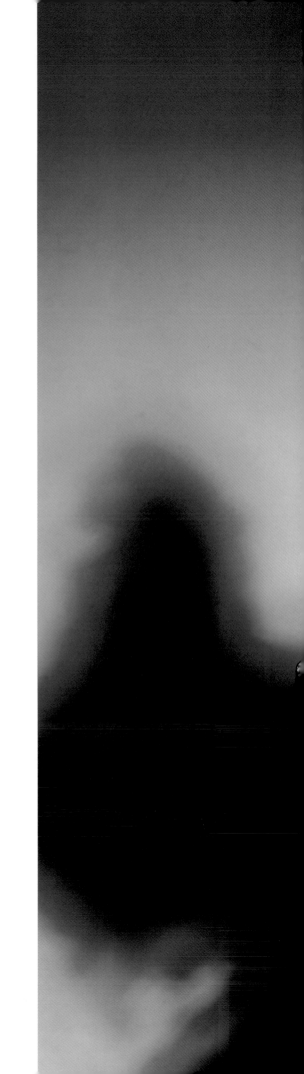

1797
清·英石山子擺件
說明：原配紅木座。

QING DYNASTY A 'YING' SCHOLAR'S ROCK
帶座高：44cm
RMB: 200,000－250,000

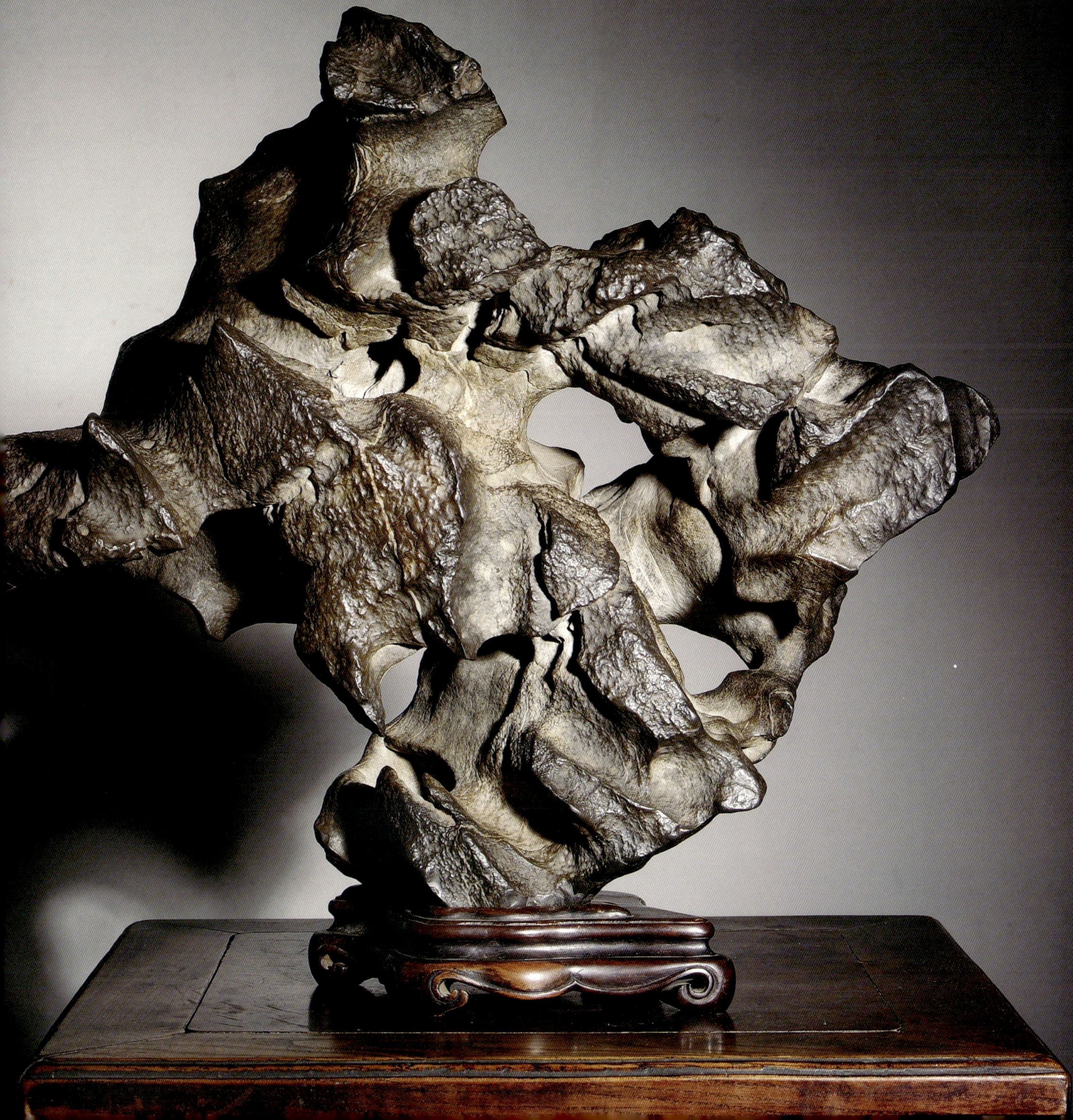

清·英石山子擺件

吳昌碩像

1798

民國·吳昌碩款佛肚竹抱柱聯

銘文：家住綠楊邨比庚信小園谷多天趣。乙丑暮春之初。地臨黃歇浦羨
　　　太邱高隱瓊絕塵寰。昌碩老缶時年八十二。蒼石（陽）。

說明：羅漢竹又稱佛肚竹、密節竹，其與一般竹子的不同之處，是竹結
　　　較細，節間短而膨大，好似彌勒佛之肚，又好似疊起的羅漢，故
　　　得名。據夏壽田撰《翊園記》載，園地三十畝，"凡園中勝處，皆
　　　有題榜"。是作聯語為陳文甫自撰，刻以吳昌碩篆書之手筆，用筆
　　　圓潤，平整工穩。

REPUBLIC OF CHINA A PAIR OF BAMBOO COUPLETS WITH 'WU CHANG SHUO' MARK

1. 高：125.2cm
2. 高：124cm
數量：2
RMB: 30,000－60,000

款者簡介：1. 吳昌碩，浙江省孝豐縣鄣吳村人，是晚清著名畫家、書法家、
　　　　　篆刻家，是杭州西泠印社首任社長。
　　　　2. 陳文甫，上海浦東人，曾服務於猶太富商哈同處，能鑒別
　　　　　古物，搜藏書畫古董頗富。

1799

民國・孫肇圻刻西湖記游詩文竹杖

銘文：話到登臨興味長，六橋三竺盡徜徉。湖山無恙人依舊，不見雷鋒
聳夕陽。輕舟緩緩傍隄行，遙指杏花別有情。一樣西湖分裡外，
笑他界線忒分明。月中訪戴宵深別，痛飲西園似昔年。到此何曾
知肉味，蓴絲滑膩醋魚鮮。紫雲金鼓複黃龍，古洞探幽興味慵。
更向煙霞深處去，山行十裡九扶筇。戊辰清明後一日，偕內子挈
鳳華、慶年遊西湖，歸後賦四絕句，刻竹杖以志鴻爪，頌陀記。

說明：杖首為牛角材質，杖身為梅鹿竹材，杖首與杖身之間以一圈銀質
構件相連。其上詩文為孫肇圻於1928年偕子遊西湖後所刻，詩文
內容為描寫杭州西湖美景。孫氏所刻的詩文與書法二者相得益彰，
流暢自然。文字洋洋灑灑，一氣呵成，在竹材溫潤光澤的映襯下，
更能體現出文人情懷。

REPUBLIC OF CHINA A BAMBOO CANE INSCRIBED BY SUN ZHAOQI

長：99cm

RMB: 28,000－35,000

作者簡介：孫肇圻（1881～1953）字北萱，號頌陀，晚號蒲石居士，江
蘇無錫石塘灣人。光緒28年秀才，歷任歷任山東省教育研究
所所長，江蘇省教育廳秘書長，無錫萬安市總董，工書善畫，
尤精詩詞，為近代著名古文詩詞家，著有《簫心劍氣樓詩存》，
《甲申雜詠》。

竹杖陰刻銘文

1800

清 · 竹雕荸薺擺件

說明：擺件以竹根隨形就勢雕作荸薺狀，扁圓，上部圓雕頂芽彎曲，旁簇擁側芽。无甚多修饰，却
　　　惟妙惟肖，別樣有趣。

QING DYNASTY A BAMBOO WATER CHESTNUT

高：5.3cm

RMB: 無底價

1801

清·竹雕金蟾

說明：原配红木座。

QING DYNASTY A BAMBOO TOAD

帶座高：6cm 高：4.3cm

RMB: 無底價

1802
清·南红瑪瑙雕荔枝把件

說明：荔枝不僅果肉鮮美，而且其外形圓潤，也是玉雕文玩常見之題材。把件從表面
細小的紋理到晶瑩潤澤的果質都被作者雕琢得恰到好處，玩賞俱佳。

QING DYNASTY A NANHONG AGATE LYCHEE

長：5cm　寬：3.5cm
RMB: 10,000－20,000

背面圖

1803
清·瑪瑙巧雕面壁達摩像佩

銘文：生雪釋迦尊，面壁達摩悟。文玩。

QING DYNASTY AN AGATE PENDANT WITH DHARMA PATTERN

高：5.5cm

RMB: 10,000－20,000

背面圖

1804

清乾隆·椰殼嵌銀膽仿剔紅博古圖酒杯

說明：椰殼杯，器壁極為薄，內嵌純銀內膽，底部亦包銀底。外壁仿剔紅浮雕博古圖，杯體小巧精緻，
　　　是為清代人享受生活實用器。

QIANLONG PERIOD, QING DYNASTY A SILVER-INLAID COCONUT SHELL
WINE CUP

高：5cm　　口徑：6.5cm

RMB: 10,000－20,000

1805

清康熙 · 椰殼雕人物故事杯一組四件

銘文：1. 下車□牛 2. 鹿挹牛車 3. 衛青□椿 4. 馬挾牛車

說明：杯以椰殼雕成，包銀口，一套四件，形制一致，杯壁外各雕刻人
物故事圖。此器色深如黑，採用浮雕技法，製作技法與雕工高超，
器薄體輕，古樸雅致，可做酒杯，是清代椰殼雕刻工藝之精品。

KANGXI PERIOD, QING DYNASTY A GROUP OF FOUR
COCONUT SHELL CUPS WITH FIGURE PATTERNS

Provenance: 1. Dr. Harry Thomsen's collection.

2. Suzanne H. Foster's collection, Florida.

1. 高：3.3cm   □徑：4.6cm
2. 高：3.5cm   □徑：4.5cm
3. 高：3.5cm   □徑：4.5cm
4. 高：3.5cm   □徑：4.5cm
數量：4

RMB: 30,000－50,000

來源：1. 哈利 · 湯姆森博士收藏。
2. 蘇珊娜 · 哈尼 · 福斯特 (1943～2015) 舊藏，佛羅里達。

銘文圖

1806

清中期·銀鎏金瓜瓞綿綿蓋盒

說明：銀製福瓜蓋盒，子母口。瓜藤蔓生，纏繞絲絲，疏密張弛皆出自然，花葉以琺瑯
　　　工藝施以釉彩，其色絢爛艷麗，花瓣黃粉漸變，枝葉脈絡明晰，由見其工藝精緻。
　　　福瓜生雙，寓意瓜瓞綿綿，瓞意指小瓜，伏於大瓜之上，而蝶諧音瓞，一語雙関，
　　　極為巧思。

MID-QING DYNASTY A GILT-SILVER CASE AND COVER WITH MELON PATTERN

高：6cm　長：10.8cm　寬：8cm

RMB: 40,000－60,000

背面圖

1807

清乾隆·銅胎掐絲琺瑯三羊開泰鎮紙

款識：大清乾隆年製

說明：鎮紙銅胎，鎏金，鎏金厚重璀璨。鎮面以天藍色為底，掐絲三陽開泰紋飾，紋樣中填紅、紫、綠等琺瑯釉，掐絲精細均勻流暢，填釉飽滿平整，比例協調、規矩，正側面落款"大清乾隆年製"六字陰刻楷書款，是件難得的乾隆掐絲的上乘之作。

QIANLONG PERIOD, QING DYNASTY A CLOISONNE ENAMEL
PAPERWEIGHT WITH GOAT PATTERN AND 'QIANLONG' MARK

長：12cm　寬：7.5cm　厚：1.5cm

RMB: 50,000－80,000

1808

清·剔紅梅花圖鼻煙壺

說明：鼻煙壺通體紅漆，漆色朱紅，漆層厚重。鼻煙壺以回字紋鋪地，上層剔梅花，呈現高浮雕效果，所剔梅花凌霜傲放，枝幹曲折盤繞。頸處飾萬字紋，蓋與底部飾菊瓣紋，足部包金。整體構圖穩定，漆質堅實，刀法熟練，不可多得。

QING DYNASTY A CINNABAR LACQUER SNUFF BOTTLE WITH PLUM BLOSSOM PATTERN

高：6cm

RMB: 10,000－20,000

背面圖

1809

清·瑪瑙巧雕魚化龍鼻煙壺

說明：此鼻煙壺呈扁圓形，以天然瑪瑙為材，大面積呈褐色，局部有灰色及黑色，可見天然紋理。上浮雕魚化龍圖案，龍首及魚紋處利用瑪瑙天然之黑色巧雕，生動形象。底部圈足內滿刻海水紋，與主題紋飾相呼應，雕工細膩。

QING DYNASTY AN AGATE SNUFF BOTTLE WITH FISH-DRAGON PATTERN

高：7.2cm

RMB: 30,000－50,000

背面圖

1810

清·套料螭龍紋鼻煙壺

說明：器身主體為白色透明料，器身外壁套紅料，以螭龍紋裝飾，雙肩
　　　飾鋪首耳，蓋子亦為紅料材質，圖案生動清晰，瑩潤光亮，可愛
　　　至極。

QING DYNASTY AN OVERLAY GLASS SNUFF BOTTLE
WITH 'CHI' PATTERN

高：6.5cm

RMB: 10,000－20,000

參閱：《通嚏輕揚——鼻煙壺文化特展 》，第 146 頁，侯怡利編，國立故
宮博物院出版社，2012 年。

參閱：國立故宮博物院藏套料螭紋鼻煙壺

1811

清・銅胎剔紅人物鼻煙壺

說明：此鼻煙壺以銅為胎，用朱漆堆厚，整體扁圓，豐肩窄腹，配銅匙，底足包金。
　　　一面雕薑公獨釣，一面雕松下對弈，雕刻峻深而不露底，惟妙惟肖。

QING DYNASTY A CINNABAR LACQUER SNUFF BOTTLE WITH FIGURE PATTERN

高：7.8cm

RMB: 15,000－20,000

背面圖

1812

近代 · 透明料內繪群鹿秋食圖鼻煙壺

銘文：群鹿秋食圖。歲在乙亥（1959年）寒日劉子藝作。

說明：內繪技法源於清代，是鼻煙壺工藝最獨特創新之發明，不同於其他工藝可運用
於各種器類，內繪則是專為裝飾鼻煙壺而出現的一種技術，一般認為出現於嘉
慶年間，內繪是將鐵砂倒入器內滾動，將內壁以磨成如同毛玻璃般較粗糙的表面，
再以彎頭細筆繪製圖案。此鼻煙壺扁圓形，內滿繪群鹿秋食圖，技法高超，細
節處理得當，將群鹿奔走於山林間覓食之場景描繪栩栩如生。

MODERN TIMES AN INNER-PAINTED GLASS SNUFF BOTTLE

高：8.5cm

RMB: 10,000－20,000

作者簡介：劉子藝（1939～　），河北人，師從王習三大師，左右手都能書善寫，內畫
煙壺用左手外畫，人稱"冀派一怪"。

背面圖

1813

民國·透明料內繪戲曲人物圖鼻煙壺

銘文：1. 時在戊辰夏日竹風作。

2. 白蛇傳為我國民間流行最廣愛情喜劇節目，名伶梅蘭芳擅演此劇，此作乃描寫斷橋一闋也。戊辰（1928年）夏日作。王（陽）。

說明：此鼻煙壺近扁方形，造型規整，兩面皆內繪白蛇傳之戲曲片段，上有題記。繪畫工藝精湛，人物動作神情刻畫生動，筆觸細膩，頗為精美。

REPUBLIC OF CHINA   AN INNER-PAINTED GLASS SNUFF BOTTLE

高：8.2cm

RMB: 15,000－20,000

背面圖

1814

清・茶晶、料等各式鼻煙壺一組六件

說明：鼻煙壺形態各異，材質、工藝亦有不同，涉及琉璃、銅等等，成組收藏，不失趣味。

QING DYNASTY SIX SNUFF BOTTLES

尺寸不一

數量：6

RMB: 20,000－30,000

清・茶晶、料等各式鼻煙壺一組六件

1815
清·白玉雕鋪首耳鼻煙壺

說明：鼻煙壺整體以白玉雕琢而成，玉質光潔細膩，雙肩雕鋪首銜環耳。蓋子為珊瑚材質，煙匙以
　　　獸骨配之。

QING DYNASTY A WHITE JADE SNUFF BOTTLE

高：4.8cm　寬：5.6cm

RMB: 45,000－50,000

1816

明·沉香雕瓜果擺件

說明：擺件以沉香木雕成，圓雕兩個成熟的瓜果，一旁有花朵葉脈依貼。花朵有的盛開有的含苞，
　　　各具其態。所選沉香油脂豐富，皮殼深沉。盤玩摩挲，清香縷縷飄散，玲瓏精巧，賞心悅目，
　　　深合文人閒雅溫厚之品性。

MING DYNASTY AN EAGLEWOOD 'MELON' ORNAMENT

高：4.2cm　重：5.5g

RMB: 10,000－20,000

1817

清·沉香山子擺件

說明：此沉香山子紋理自然，造型獨特，造型有如高山峻
　　　嶺，氣勢巍峨，實乃天工造物。沉香的自身香氣
　　　清新自然，包漿醇厚細膩，手撫之光滑潤潔，無
　　　挫頓之感。下配紅木底座，實為文案佳品。

QING DYNASTY　AN EAGLEWOOD CARVING

帶座高：54cm　高：52cm　重：547g

RMB: 30,000－50,000

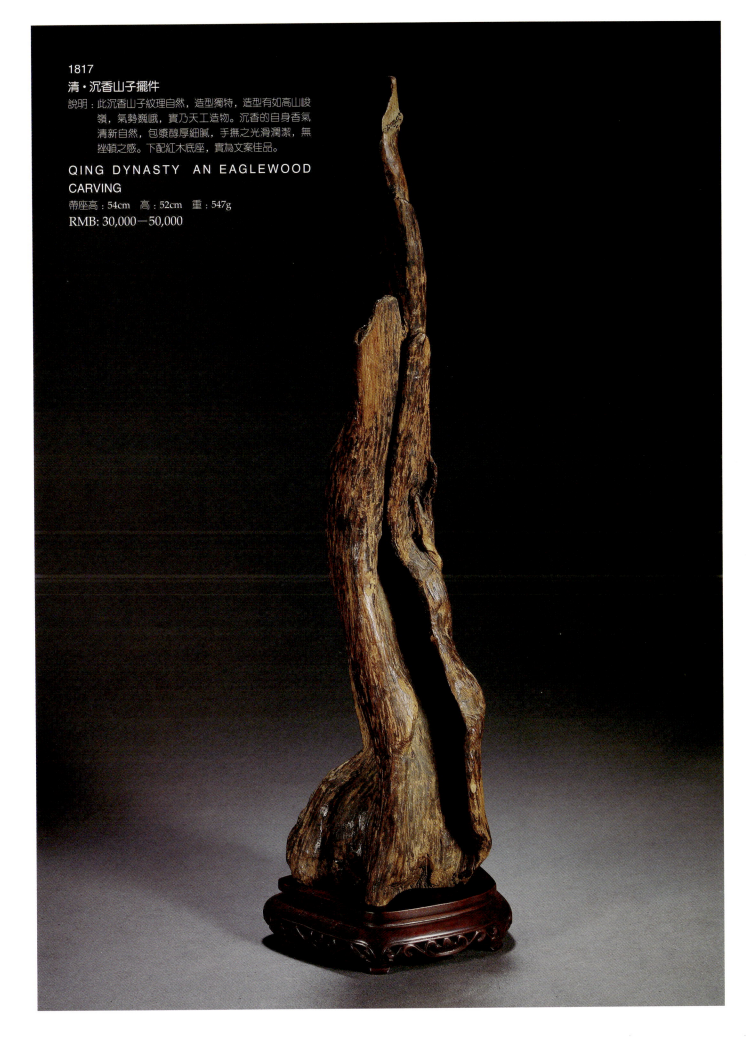

1818
清 · 楊伯潤款錫製山水圖香筒

銘文：溪山煙雨。仿墨井道人。楊伯潤。

QING DYNASTY A TIN INCENSE HOLDER WITH LANDSCAPE PATTERN AND 'YANG BO RUN' MARK

長：23cm 通徑：1.8cm

RMB: 8,000－15,000

款者簡介：楊伯潤（1837～1911）清代書畫家，海上畫派名家之一。字佩夫，一作佩甫，號茶禪，別號茶禪居士、南湖，一作南湖外史，室名南湖草堂、語石齋。浙江嘉興人。亦工詩，善書畫，尤工行草。

铭文圖

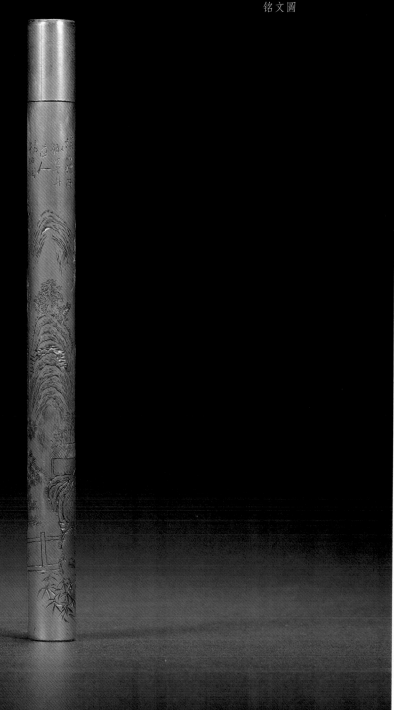

1819

沉香香料一組二十瓶

說明：此盒沉香分為二十瓶，每瓶味道有所不同，或清新，或濃郁，其質上乘。附日本原盒。

A GROUP OF EAGLEWOOD MATERIALS

數量：20

RMB: 30,000－50,000

1820

日本・純金提梁壺

款識：純金

說明：在茶道中，器，為茶之父，道由器傳。而"擇一事，終一生"的匠人精神更是為手工製器注
入了不可複製的生命，傳承了一代代匠人的心血和巧奪天工的技法。在漫漫時光中，匠人精
神賦予茶道具的禪意與美學體驗，比其本身的光澤更加熠熠生輝。此件金壺為日本壺具經典
之作，全壺純金打造，金質精純，器壁輕薄。壺斂口，廣肩圓折，中腹微鼓，下腹斜收，腹
部錘鑿絲柳狀。肩部架起提梁，提梁頂部編織藤條用於隔熱，腹部一側置流。平蓋，配以九
寶鏤空摘鈕，小巧精緻，畫龍點睛，蓋內部印有"純金"字樣。整器金色燦然有光，器形流暢，
流與提梁線條優美，給人雍容華貴之感。
　　明代許次紓在《茶疏》中提到"茶滋於水，水藉乎器"，可見茶具在茶道中重要地位。打造一
把純金壺，須經數十工序，涉數百工具，歷數萬次精敲細擊，由工匠心、手、力通融合一，千
錘百煉，精雕細琢，始成器，所耗工時往往要月餘。這樣奢侈的器物，必是貴族階層才能使
用，如今更是成為收藏賞鑒的精品。因此，一把好的日本茶壺，具有集多種藝術於一身的完美，
其收藏價值不言而喻。

A FINE GOLD POT MADE IN JAPAN

高：18cm　通徑：16.6 cm　重：756g

RMB: 280,000－380,000

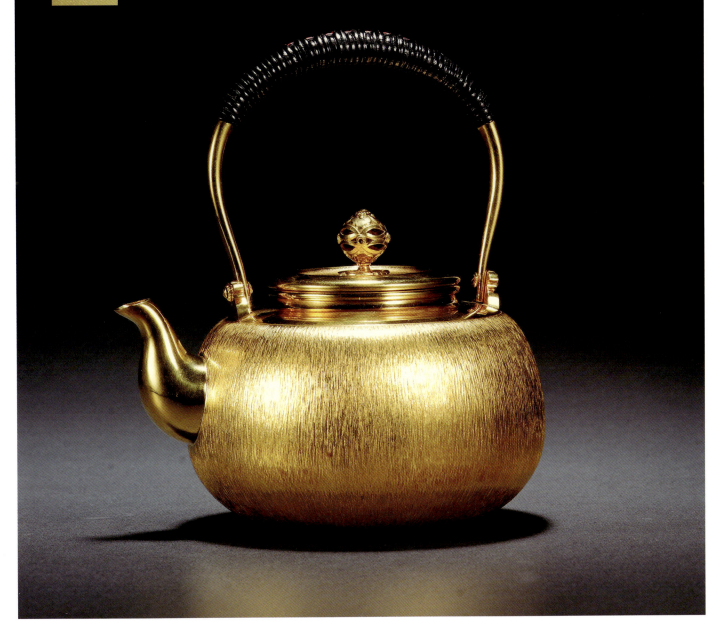

1821

清早期・德化窯葉形水洗

說明：德化窯水洗，胎體細膩白潔，外罩象牙白釉，柔和滋潤。洗身起棱，爽朗柔美。此洗將寫意
融入仿生器，簡化外形而重視其神韻。造型別緻，輕巧玲瓏，風格清新宜人。下承鏤雕纏枝
紋紅木底座，甚為相配。

EARLY QING DYNASTY A BLANC DE CHINE 'LEAF' BRUSH WASHER

帶座高：5.3cm　　高：4cm　　通徑：10cm

RMB:**無底價**

1823

清·楊彭年製三鑲玉錫包紫砂壺

銘文：瑤島瓊漿。亦山。銀罌貯月看金鋪。王洽。

壺內落款：楊彭年製

QING DYNASTY A TIN-ENVELOPED JADE-INLAID ZISHA TEAPOT
MADE BY YANG PENGNIAN

高：9cm　通徑：16.5cm

RMB: 30,000－50,000

作者簡介：楊彭年，清嘉慶、道光間宜興製壺名手。荊溪人，生卒不詳。彭年弟寶年、
　　　　　妹鳳年，都是當時製壺高手。一門眷屬皆工此技，名聞一時。彭年善於配泥，
　　　　　所製茗壺，渾樸工致。傳大彬手捏法，雖隨意製成，仍具天然之致。

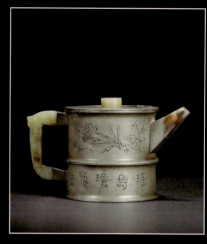

背面圖

1824

18 世紀·鐵打出提梁壺

說明：明珍是日本著名的御用甲冑師。鐵壺的“鐵打出”之技始於江戶時期，即僅以一塊鐵片，將作品全貌以錘打方式來完成。這個過程中，需要將鐵片不斷反復加熱後錘打、延伸，除了厚度均一，更要拿捏各個細部的錘打力道，以及彎曲連接處的成形處理，一不小心就可能前功盡棄。由於鐵的延展性是所有金屬中最低的，其難度幾為金工之絕，且此技藝在明治以後承繼無人。在金工壺史上留下燦爛的一頁。目前，“鐵打出”身價不菲且一壺難求。此把明珍系“鐵打出”鐵壺，即為江戶時期的作品，工藝精湛，簡約，線條流暢，雖歷經百年歲月略顯蒼樸，卻難掩其精工之技與典雅氣韻。品茶之香，賞壺之韻，細細地輕撫這樣一件作品，世間的煩囂似乎也就慢慢沈靜下來。配老木盒。盒蓋內外均有墨書“明珍紀宗春做”、“冠鐵湯沸”及鈐印：“明珍”、“紀宗春”。

18TH CENTURY AN IRON TEAPOT

高：14.3cm   通徑：11.8cm

RMB: 150,000－180,000

盒內題簽

1825

清·沈存周款錫罐及臂擱一組三件

方錫罐銘文：茫茫堪與俯俯仰無垠，人於其間，渺然有身，是身之微，大倉稀米，叄為三才曰惟尔
心往古來今孰無此心。竹居主人。存（陰）。周（陰）。

圓錫罐銘文：1. 野亭正在溪山際，溪瀉寒聲山湖翠。古水陸池刻。2. 點銅。杭州鄭寶泰。

臂擱銘文：山野芳香。沈存周。

QING DYNASTY A TIN CANISTER WITH 'SHEN CUN ZHOU' MARK AND TWO WRISTRESTS

1. 高：5.9cm　長：6.5cm　寬：5.1cm
2. 高：6.9cm　通徑：5.5cm
3. 長：14.8cm　寬：5.6cm
數量：3
RMB: 10,000－30,000

款者簡介：沈存周，以製錫聞名於世，活躍於明末清初，號竹居主人，別號"沈錫"，浙江嘉興人。

1826
民國·匏製蟲器及竹雕山水圖臂擱一組兩件
銘文：山一帶，水一派，流水白雲長自在，陳王文寫。
REPUBLIC OF CHINA A GOURD INSECT JAR AND A BAMBOO WRISTREST
WITH LANDSCAPE PATTERN
1. 蟲器長：17.6cm
2. 臂擱長：20.3cm 臂擱寬：5.8cm
數量：2
RMB: 無底價

1827

清・李流芳款竹雕詩文茶則

銘文：秋夜將半，月白風清，蟲鳴四壁，林外螢火明滅。露濕花枝，仰視星斗，近若可摘，而遠寺鐘聲隱隱在煙雲縹緲間，此時獨坐，命童子烹茶，讀陶詩數首，清冷之況，心骨作寒。李流芳書。

QING DYNASTY AN INSCRIBED BAMBOO WRISTREST WITH 'LI LIU FANG' MARK

長：20.6cm　寬：4.5cm

RMB: 28,000－35,000

款者簡介：李流芳（1575～1629），字長蘅，號檀圓，晚號慎娛居士，南直隸徽州歙縣（今安徽歙縣）人，僑居嘉定今上海嘉定。工詩文書畫，嘗與朱小松交遊，亦能刻竹，為"畫中九友"之一。此臂擱正面雕李流芳所寫行書詩文，注重文人趣味，以深刻的技法表現出筆墨的神采，字的結體與風度亦佳，勁秀灑脫，充分的表現出李流芳書法瀟灑跌宕的風格特點。

原配日本木盒

1828
清・骨雕羽扇及花卉紋銀爐一組兩件

QING DYNASTY A FEATHER FAN AND A SILVER CENSER WITH FLORAL
PATTERN

1. 扇長：49.5cm
2. 爐高：13cm　爐重：225.5g
數量：2
RMB: 無底價

清・骨雕羽扇及花卉紋銀爐一組兩件

1829

清 · 紅木嵌湘妃竹蕉葉形茶盤

說明：此件茶盤為芭蕉葉狀，以紅木為胎，器面鑲嵌湘妃竹，面背皆做出葉脈紋路，且前段一處飾
　　　以翻葉狀，頗為形似。全器竹紋清晰雅致，斑點如錢，色澤古雅，宛若天成之作。

QING DYNASTY A 'XIANGFEI' BAMBOO-INLAID MAHOGANY 'PLANTAIN-LEAF' TEA TRAY

長：60cm　寬：24cm

RMB: 無底價

1830

清·黃楊木花几

說明：明清時期，文人崇尚純樸天然之品味，文房用品亦在簡練淡泊的審美情趣下，強調師法自然，
以韻取勝。花几以黃楊木為材，作隨形，几面平坦。几足巧取盤根錯節的天然樹根琢磨而成，
錯落透漏，精巧別致，盡顯文人逸趣。

QING DYNASTY A BOXWOOD STAND

高：9cm 長：37cm 寬：33cm

RMB: 30,000－50,000

1831
清・英石供石擺件
說明：配紅木底座。

QING DYNASTY A 'YING' SCHOLAR'S ROCK
帶座高：48cm
RMB: 20,000—30,000